有些老话要常说
老理要常讲
当然要常讲常新才好

老生常谈

陈喜庆 著

中国人民大学出版社
·北京·

有些老话要常说
老理要常讲
当然要常讲常新才好

自 序

　　凡是从事文字工作，特别是机关文字工作的同志，都有这样的体会：在各类文稿之中，最难写的是领导讲话稿，被称为文稿中的"珠穆朗玛峰"。这是因为，每位领导的岗位不同、特点不同、风格不同、要求不同，同一篇讲话稿，这位领导认为很好，在那位领导那里则不一定通得过。为了起草好领导讲话稿，我在中共中央统战部负责研究室工作时，专门召开了"怎样起草好领导同志讲话稿研讨会"，总结了起草好领导讲话稿的秘诀是，正确处理领导人、起草人和听讲人三者之间的关系，做到"一个忘记，两个记住"，即忘记自我，记住领导、记住听众。所谓"忘记自我"，就是起草人要忘记自己的身份，从领导的角度想稿子、写稿子。所谓"记住领导"，就是起草人要记住领导的要求和风格，努力体现领导的意图。所谓"记住听众"，就是领导讲话是讲给听众的，要努力了解、反映听众的需求。质言之，起草好领导讲话稿，既要关心领导想讲什么，还要关心听众想听什么；既要让领导满意，还要让听众满意。这次研讨会后，我们写了一份会议纪要，分送中央政策研究室等中央和国家机关研究室听取意见，他们都给予了肯定。

2003 年春担任中共中央统战部副部长后，我的岗位职责发生了一些变化，一方面继续组织起草领导同志讲话稿，另一方面自己也有了讲话的任务。按照"一个忘记、两个记住"的要求，我在组织有关同志研究自己的讲话稿时，十分注重了解听众的意见建议，并且将其作为一个必经程序。这种了解有多种方式，有的是书面形式，有的是电话形式，有的是小型座谈会形式。在征求听众意见的过程中，我注意到这样一个现象，就是听众不论是党外人士，还是地方统战部同志，抑或是部机关干部，都希望讲话人不仅讲讲统战方面的内容，有时还希望讲点人们在工作、学习、生活中碰到的共性问题。比如，在组织起草 2003 年度全国统战部研究室主任会议讲话稿时，我了解到各地研究室干部普遍反映有"三苦"，即辛苦，加班加点多；心苦，心理负担重、压力大；薪苦，薪酬不高。这在一定程度上影响了研究室干部的工作热情。这个问题背后涉及的是如何看待得失问题。于是，我在这次会上专门讲了树立正确的得失观问题，重点讲了这样一个意思：自然领域有个能量守恒定律，社会领域则有个得失伴生定律。得失得失，有得必有失，有失必有得。舍得舍得，有舍必有得，有得必有舍。纯粹的得是没有的，纯粹的失也是没有的。古人说，快乐每从辛苦得，便宜多自吃亏来。虽然从事理论政策研究工作的同志，付出了许多汗水和心血，失去了很多休息娱乐的时间，错过了不少热热闹闹的场面，但也在艰苦努力中提高了理论政策水平，增强了工作本领，锤炼了思想品质，进而得到了群众的好评、组织的肯定。这难道不是更大的得吗？这次讲话在全国统战部研究室干部中反响十分热烈，大家普遍对树立正确的得失观表示赞同，同时对这种讲法表示肯定，并希望能够坚持下去。

这以后，我更加重视在每次讲话前收集听众的意见建议，并就他们关心的一些共性问题进行阐述。十几年来，我先后就幸福、适度、得失、团结、创新、领导、激励、经验、比较、问题、自觉、调研、家庭、鼓掌等几十个题目，谈了自己的意见和看法。有一段时间，我发现不少干部在与我沟通交流时，除了工作外，总会谈及婚恋、家庭中的困惑，他们因为这些问题处理不好，对自己的工作产生了一些影响。鉴于这种情况，我在进一步调研的基础上，在分管的五个单位中召开了"怎样处理家庭关系研讨会"，100多位干部分享了各自处理家庭关系的经验教训。我在这次会上做了总结讲话，集中谈了正确处理婚恋关系、夫妻关系、与父母的关系、与子女的关系、婆媳关系、与亲属的关系的认识和体会，强调处理婚恋关系的要旨是，婚前多看缺点，婚后多看优点，维系夫妻关系靠的是感情，而不是道理，等等，干部们反映收获很大。我的这个讲话稿还引起了《中国妇女报》的关注，该报分两次将我的讲话稿全文予以刊发。

2016年我从中共中央统战部领导岗位上退下来后，许多来看望我的统战干部、党外朋友都希望我能够发挥余热，继续写点东西。当我征询他们写些什么时，他们的意见竟出奇一致，都希望我把过去讲的那些他们普遍关心的问题加以整理并出版。说实在的，这些意见、建议我听了，但很长时间并没有采纳。原因在于，我觉得那些问题中，不少是千百年来人们一直讨论的老问题，内部说说尚可，公开出版则有些忐忑。2019年，我应邀参加地方的一个会议，碰到了这个地方当年的一位统战部研究室主任，这位主任认真地告诉我，有一次为听我讲话卫生间都没去，生怕漏听所关心的内容。这无疑对我是个鼓舞。从2019年秋天开始到2020年夏天，我集中了近一年的时间，对过去讲过的问题进行了再研究，有的进行了充实完善，更多的则完全重写，最后确定收入12篇文章，形成了现在这本书稿。叫个什么书名呢？我想，人类出现以来，面临许多共同的问题，无论是凡人、俗人，还是哲人、圣人，都无数次地讨论过，形成了许多"老理"。今天再讨论这些问题，可谓"老生常谈"。正如"老生常谈"一语始说者三国时期魏国管辂所强调的，这些"老理"是不能轻视的，轻视了就要受惩罚。因此，有些老话要常说，老理要常讲，当然要常讲常新才好。这样说来，我考虑这本书就叫《老生常谈》吧。当然，由于笔者水平所限，可能新意不够，还请读者朋友鉴谅。

　　最后，我要感谢中共中央统战部研究室、无党派和党外知识分子工作局等部门的同事当年为帮助我起草这些文稿所做的工作。特别要感谢庄聪生、张献生等同志，通读了全部书稿，并提出了许多十分宝贵的意见。还要真诚感谢中国人民大学出版社和郭晓明、牛晋芳等同志，为出版本书做了大量工作。

陈喜庆

2020 年 9 月

目　录

谈谈幸福 / 003

一、幸福是人们在生存发展需要得到满足的基础上产生的

　　一种快乐的心理体验　/ 005

二、幸福是多种多样的　/ 008

三、追求幸福是一种能力　/ 013

四、怎样理解幸福格言　/ 020

谈谈得失 / 029

一、得失伴生现象　/ 030

二、得失伴生定律　/ 035

三、树立正确的得失观　/ 042

谈谈家庭 / 051

一、正确处理婚恋关系　/ 053

二、正确处理夫妻关系　/ 056

三、正确处理与子女的关系　/ 059

四、正确处理与父母的关系　/ 064

五、正确处理婆媳关系　/ 068

六、正确处理与亲戚的关系　/ 071

谈谈鼓掌 / 077

一、鼓掌的起源　/ 077

二、鼓掌的功能　/ 080

三、鼓掌的类型　/ 084

四、鼓掌的艺术　/ 086

谈谈团结 / 093

一、团结是人类解决力量不足问题的必然选择　/ 094

二、共同利益是实现团结的决定因素　/ 098

三、加强领导是实现团结的根本保障　/ 101

四、批评或斗争是实现团结的必要手段　/ 108

谈谈领导 / 115

　　一、领导的职责是出主意、抓重点、用干部 / 117

　　二、领导的艺术是给希望的艺术 / 122

　　三、没有距离就没有领导 / 126

　　四、领导的秘诀是肯于亏己 / 129

谈谈激励 / 135

　　一、正负激励方式及其特点 / 137

　　二、基于激励疲劳现象的正负激励方式反向运用 / 140

　　三、基于激励预期现象的正负激励方式反向运用 / 144

谈谈经验 / 151

　　一、"我是靠总结经验吃饭的" / 152

　　二、总结经验必须读懂经验 / 155

　　三、努力把握总结经验的经验 / 161

　　四、运用经验并不比总结经验容易 / 165

谈谈问题 / 173

　　一、辩证认识问题 / 174

　　二、正确对待问题 / 178

三、善于发现问题 / 182

四、认真研究问题 / 185

五、努力解决问题 / 188

谈谈创新 / 193

一、完善发展同样是创新 / 195

二、人人可以创新 / 198

三、创新精神是创新人才的重要标识 / 205

四、创新无处不在 / 209

五、良好的创新环境是创新成果的助产婆 / 215

谈谈比较 / 223

一、为什么比——明确比较的意义 / 224

二、跟谁比——明确比较的对象 / 227

三、比什么——明确比较的内容 / 230

四、依据什么比——明确比较的标准 / 233

五、怎么比——明确比较的方法 / 237

六、以什么态度比——明确正确的比较观 / 240

谈谈适度 / 245

一、适度的内涵　/ 246

二、适度的意义　/ 251

三、适度的难点　/ 256

四、适度的途径　/ 260

贫穷不一定夺走幸福
富裕不一定带来幸福
苦难不一定减少幸福
享受不一定增添幸福

谈谈幸福

太平洋岛国瓦努阿图是地球上一个很不起眼的小国，经济不是很发达，百姓也不是很富足，2018 年国内生产总值 8.88 亿美元，人均国内生产总值 3 148 美元，曾是世界上最不发达国家之一。但 2006 年以来，瓦努阿图先后三次被一些国际组织和国家机构评为全球最幸福国家之一，其中 2010 年被英国新经济基金会评为全球最幸福国家第一名。

2019 年 2 月 13 日，哈萨克斯坦总统纳扎尔巴耶夫在与该国百名新人物获奖者会面时称，自己从未见过一位幸福的亿万富翁，"自杀或锒铛入狱的亿万富翁反倒可以列出一长串"。纳扎尔巴耶夫说的或许有些绝对，但一些亿万富翁并不感到幸福，却是不争的事实。2017 年底上映的美国电影《金钱世界》，讲述的是曾保持世界首富地位20年的石油大亨保罗·盖蒂之孙遭绑架的真实故事。保罗·盖蒂拒付1 700万美元的赎金，直到绑匪寄来其孙一只耳朵，才答应以320万美元赎回孙子。电影中有这样一个情节：当下属问保罗"你觉得要有多少钱才感到安稳"时，他的回答是"更多的钱"。但可悲的是，保罗虽然坐拥金钱世界，却没能为自己、也没能为家族买来幸福，其长子和次子因沉溺于毒品而死亡，被赎回的孙子在轮椅上度过了余生。

幸福是人类的永恒追求，但幸福本身却难以捉摸。上面的两则故事告诉人们：贫穷不一定夺走幸福，富裕不一定带来幸福；苦难不一定减少幸福，享受不一定增添幸福。这是怎么一回事呢？人们都在苦苦思索和探求。这几年，久负盛名的哈佛大学青年教师泰勒·本－沙哈尔开设了一门"幸福"课，其受欢迎程度远远超过了哈佛大学传统的王牌课——"经济学导论"。研究幸福、追求幸福也早已走出书斋，成为世界性热门话题，幸福国家、幸福社会、幸福家庭、幸福人生以及幸福政治、幸福经济等词语，频频见诸媒体。中国共产党成立后，就把全心全意为人民谋幸福作为自己的初心使命。党的十八大后，以习近平同志为核心的党中央进一步提出加快推进中国特色社会主义事业，实现中华民族伟大复兴中国梦，增强中国人民的幸福感、获得感、安全感。2012年6月28日，第66届联合国大会还决定将每年的3月20日定为"国际幸福日"，并倡议全世界各民族人民团结起来共同奋斗，不断增进全体人类的福祉。那么，究竟什么是幸福？人们为什么追求幸福？怎样才能获得幸福？

一、幸福是人们在生存发展需要得到满足的基础 上产生的一种快乐的心理体验

在中华民族 5 000 多年的文明史中，曾经出现了许许多多的习俗，绝大多数都随着社会的发展湮灭了，但有一个至今风行不衰，即祈求幸福，具体表现为春节贴"福"字等仪式。2008 年北京奥运会的吉祥物确定为"福娃"，也有此寓意。这说明，"幸福"一词在我国由来已久。

中国古代最早用"福"这个字来表示幸福。在甲骨文中，"福"字为"双手捧酒祭祖"的象形文字，意思是双手捧着一樽酒祭献祖先，祈求保佑。东汉许慎在《说文解字》中将"福"解释为"佑也"，"佑"就是保佑、赐福的意思。那么，中国古人祈求的幸福是什么呢？相传由孔子整理的中国最早的文献汇编《尚书·洪范》，记载了殷商末期著名贤臣箕子的看法。箕子认为人们所祈之福主要有五个方面，可称"五福"："一曰寿，二曰富，三曰康宁，四曰攸好德，五曰考终命。"具体意思就是长寿、富贵、康宁、好德、善终，这就是后来所谓的"五福临门"。西汉戴圣编辑的中国古代典章制度选集《礼记·祭统》，将"福"的内涵做了扩展，称"福者，备也；备者，百顺之名也。无所不顺者，谓之备"，意思是说，所谓"福"就是"备"，而所谓"备"就是一切顺遂，没有什么不顺遂的就是"备"。通俗地说，就是现在人们常讲的万事如意。

"幸福"一词的出现比"福"字要晚。北宋欧阳修等人编撰的

《新唐书》中就用了这个词："至宪宗世，遂迎佛骨于凤翔，内之宫中。韩愈指言其弊，帝怒，窜愈濒死，宪亦弗获天年。幸福而祸，无亦左乎！"全面准确理解"幸福"一词，有必要厘清"幸"字的含义。许慎在《说文解字》中解释道："幸，吉而免凶也。"意思是，得吉免凶就是幸。将"幸"与"福"联系起来看，"幸福"一词如同"舍得"一词，是通过福与祸、吉与凶、乐与苦这些相互对立的字来界定其内涵的，核心意思是得福免祸、得吉免凶、得乐免苦。

明确了"幸"字、"福"字和"幸福"一词的字面意思，是否就可以轻松地给幸福下定义了呢？回答是：并非易事。古今中外许多有影响的思想家从理性、感性、道德、功利等不同角度，给幸福所下定义不下数百个。总结这些定义，可以发现其中包含着几个不可或缺的要素：一是需要，缺乏产生需要，需要激发愿望（目标、理想）；二是行动，只有行动起来，愿望才能实现，需要才能满足；三是快乐，就是愿望得以实现、需要得到满足后产生的快乐心理体验。依据这些要素，目前倾向性的意见是这样界定幸福，即幸福是人们在生存发展需要得到满足的基础上产生的一种快乐的心理体验。从这个界定中，我们可以看到幸福有这样几个特征：

主观与客观的统一。生活中常有这种情形，当人们问你对一件事情的感受时，你会说"我感觉很幸福"。这再清楚不过地表明，幸福作为快乐的心理体验具有主观性，是依人的主观感受转移的，你觉得幸福就幸福，你觉得不幸就不幸。但如果认为幸福纯粹就是主观的，没有丝毫客观性可言，则是错误的。生活中还常有这种情形，当人们问什么让你感到快乐和幸福时，你会回答："我的愿望实现了，考上了名牌大学。"这里的"考上名牌大学"，是需要得以满足的客观内容，是快乐心理体验的客观状况，是不依人的主观感受而存在的。简言之，幸福的感觉是主观的，感觉的内容是客观的。

相对与绝对的统一。20世纪20年代初的一个夏天，以研究幸福问题著称的英国哲学家罗素，由两个轿夫抬着登上中国四川的峨眉山。看到轿夫气喘吁吁、大汗淋漓，艰难地向上攀登，罗素心想，这两个人一定很痛恨坐轿子的人，一定很痛苦。到了半山腰的一个平台，罗素让轿夫停下来休息，想安慰一下辛苦的轿夫。让罗素大感意外的是，两个轿夫有说有笑，甚至给罗素讲家乡的笑话，丝毫没有悲苦的意思。这件事对罗素触动很大，他意识到用自己的眼光看待别人的快乐和幸福是错误的。这说明幸福具有相对性，对于同一件事，有人认为是幸福，另外的人则可能认为是不幸。当然，幸福又有绝对性。就拿罗素碰到的这件事来说，轿夫得到了这单生意，得到了报酬，其内心是十分快乐的。所以，从轿夫的角度看，这种快乐的心理体验是绝对的。

快乐与痛苦的统一。中国有句俗话叫"生在福中不知福"。究其原因，在于没有比较。与谁比较？痛苦和不幸。正如没有苦就显不出甜，生活在既有幸福中的人，由于没有经过艰难困苦，便不会觉得这是享福。马克思主义唯物辩证法告诉我们，事物内部矛盾的双方是相互对立，又相互依存、相互转化的。快乐作为幸福的表现形式，与痛苦是紧密联系在一起的，没有痛苦就无所谓快乐，反之亦然，没有快乐也就无所谓痛苦。强调幸福是快乐与痛苦的统一，还有这样一层意思，就是中国古人说的得福免祸、得吉免凶、得乐免苦，即得到了快乐的心理体验，就相应避免了痛苦的心理体验。因此，快乐与痛苦就像一对孪生兄弟，统一存在于幸福之中。

二、幸福是多种多样的

俄国作家托尔斯泰在其名著《安娜·卡列尼娜》中讲过这样一句话，已经成为世人皆知的名言，即"幸福的家庭都是相似的，不幸的家庭各有各的不幸"。有人将这句话推及个人，即"幸福的人都是相似的，不幸的人各有各的不幸"。这使很多人产生了这样一种看法，即幸福是单一的，不幸是多样的。这实在是一种误解。幸福同不幸一样，实际上也是多种多样的。从不同角度观察，幸福具有多种类型。

（一）物质幸福与精神幸福

人们的幸福是建立在需要满足基础上的。那么，人们都有哪些需要呢？美国心理学家马斯洛提出的需要层次理论，将人的需要分为五个层次，由低到高为生理需要、安全需要、归属和爱的需要、尊重的需要和自我实现的需要。我们知道，人需要两个世界，一个是物质世界，一个是精神世界，由此决定了人们各种各样的需要都可以归结为两种需要，即物质需要和精神需要；人们各种各样的幸福都可归结为两种幸福，即物质幸福和精神幸福。

物质幸福是基础幸福。1845年10月，丹麦作家安徒生访问意大利时，发现在热闹的街道尽头有一个五六岁的小女孩，正在卖火柴，她的手都冻僵了，可一根火柴也没卖掉。安徒生回国后便以这个小女孩儿为原型，写了著名童话《卖火柴的小女孩》，其中写到小女孩在圣诞夜最大的愿望是吃上一只香喷喷的烤鹅。吃上烤鹅给卖火柴的小女孩带来的是什么幸福呢？物质幸福。虽然社会性是人的本质属性，但自然性是人的基础属性。因此，人首先要生存，围绕生存产生了四个方面的基本需要：一是安全需要，如果因为意外而夭亡，其他一切就都谈不上了；二是健康需要，如果疾病缠身，生存质量就会下降，严重时还会危及生命；三是生活需要，如果不能解决吃穿住行等问题，生存也会发生困难；四是繁衍需要，如果没有后代，人类也就消亡了。这四个方面的需要都属于生理需要，也就是物质方面的需要，而满足这些需要产生的快乐心理体验就是物质幸福。在中国民间，上述物质幸福具体化为平安是福、健康是福、富足是福、多子是福等。2020年席卷全球的新冠肺炎疫情暴发后，很多死里逃生的患者说的最多的话就是：活着真好，活着就是幸福。

精神幸福是高阶幸福。精神幸福一般是在基本物质需求得到满足基础上产生的，用老百姓的话说，就是在解决了"肚子问题"基础上解决"脑子问题"。与物质幸福相比，精神幸福热烈而持久，故同需要层次相适应，属于高阶幸福。正如马克思所说，"如果音乐很好，听者也懂音乐，那么消费音乐就比消费香槟酒高尚"。其实，马克思本人就用一生的实践证明了精神幸福是更高阶的幸福。他全身心投入马克思主义理论研究并用以指导人类解放事业，一家人的生活常常陷入困顿。他曾经给恩格斯写信求援："我家里现在简直是一文钱没有，但欠小商人、肉铺老板、面包铺老板等等的账却越来越多。""如果你能立即寄钱给我，我将非常感激你。"但物质生活的困苦并没有使马克思放下手中的笔，甚至在这封求援信中也没有停止对理论问题的研究。他在信的末尾写道："又及：商人、工厂主等等怎样计算他们自己消耗的那一部分利润？这些钱是否也是从银行家那里取，还是怎样取？请对此给予答复。"这说明，马克思的物质生活是贫苦的，但精神世界是充实、幸福的。

（二）过程幸福与结果幸福

在追求幸福的人生旅途中，人们经常会碰到这样两种情况：一种是在结果中感受幸福，比如1976年粉碎"四人帮"后，举国上下一片欢腾，亿万人民沉浸在巨大幸福之中，正如《祝酒歌》中所唱："胜利的十月永难忘，杯中洒满幸福泪。"这并不难理解，因为作为需要得到满足、目标得以实现后的快乐心理体验，幸福集中体现在结果之中，这种幸福可以称为结果幸福。另一种是在过程中感受幸福，比如有的人总爱讲"有所为，无所谓"，还有体育比赛中的"重在参与"，就是说只要奋斗过就行了，至于何种结果无所谓。

在社会生活中，既存在物质幸福、又存在精神幸福，既存在结果幸福、也存在过程幸福。怎么理解呢？任何一个长远目标，都必然分解为若干具体阶段性目标，而实现每个具体目标过程中所获得的幸福，相对最终长远目标实现所获得的结果幸福，便体现为过程幸福。讲个具体事例，就清楚了。党中央提出到新中国成立一百年时，把我国建设成为富强民主文明和谐美丽的社会主义现代化国家，实现中华民族伟大复兴中国梦的战略目标。这是个宏伟的目标，也是个长远的目标，实事求是地说许多老年人未必能看到。但没有人否认，这些可能活不到那一天的老年人，正在享受着改革开放带来的幸福生活。这是因为，党中央在带领全国人民实现这个百年目标的过程中，又提出了"分三步走"的阶段性目标，每个阶段又提出了若干五年规划目标，每个年度又有具体的计划目标，而这些目标的实现必然会增强人民的获得感和幸福感。

过程幸福与结果幸福各具特点。从先后顺序上看，过程幸福在先，结果幸福在后；从时间长短看，过程幸福持续时间久，结果幸福体验时间短；从强弱程度看，过程幸福小而弱，结果幸福大而强。需要强调的是，有些人总感觉不到幸福，在于片面追求结果幸福，忽视了过程幸福。唐代著名诗人杜甫总结了人生最高兴、最幸福的四件喜事，并以此为题写了一首《四喜》诗："久旱逢甘雨，他乡遇故知。洞房花烛夜，金榜题名时。"但人生这样大的喜事不一定经常碰到。过程幸福虽然是小幸福，但无时无处不在，只要用心体验就可以感受到。日本作家村上春树《兰格汉斯岛的午后》散文集中，有一篇叫作"小确幸"的文章，讲了生活中大量存在的"微小但确切的幸福"。在文章中，村上春树说他自己选购内裤后，把洗涤过的洁净内裤叠好，整齐地放进抽屉里，就是一种小确幸。在人生漫漫历程中，这样的小确幸随时随地都能感受到，比如说摸摸口袋，发现居然还有钱；去商店购物，你打算买的东西恰好降价了；排队时，你所在的队动得最快；等等。

同样，一个人只想获得结果幸福，而不在乎过程是否幸福，他也无法脱离奋斗过程，只不过有的人感受到了过程幸福，有的人却不一定感受得到。

（三）真实幸福与虚幻幸福

幸福的多样性还体现在，既有真实幸福，又有虚幻幸福。真实幸福比较好理解，就是人的生存发展需要得到真实实现基础上产生的快乐心理体验。清代小说家吴敬梓创作的讽刺小说《儒林外史》中，讲了范进中举的故事。当官府向在乡试中考取举人的范进宣布喜讯时，这个经历多次失败的相公有一种不真实的感觉，以为是在做梦，并因承受不住喜极而疯。尽管范进不敢相信自己中举的消息是真的，但并不能改变这个业已发生的事实，由此产生的幸福就是真实幸福。

什么是虚幻幸福呢？就是人在生存发展需要得到虚幻满足的基础上产生的快乐心理体验。中国南北朝时期文学家刘义庆在《世说新语·假谲》中讲了这样一个故事。曹操亲率大军行进途中，找不到水源，士兵们都口渴难耐。于是，他传令道："前方有一片梅子林，

过程幸福与结果幸福相互依存。即使一个人只管耕耘、不问收获，结果幸福也会随着过程幸福不请自到。

结了很多酸甜可口的果子，可以解渴。"士兵们听后，嘴里都流出了口水，并加快赶路，终于找到了水源。在这个"望梅止渴"的故事中，曹操所称的梅子并不真实存在，但确实暂时满足了士兵们止渴的愿望，使他们获得了快乐的心理体验，但这是一种虚幻幸福。

有人会问，既然真实幸福与虚幻幸福都是客观存在的，人们应该追求哪个好呢？这需要具体分析，根本依据要看是否有利于人们追求重大幸福、根本幸福和长远幸福。如果有的真实幸福有损于实现重大幸福、根本幸福和长远幸福，则不应该去追求。比如，大鱼大肉会满足人的口福，这是一种真实幸福，但长此以往会引起"三高"，严重损害人的健康，甚至会危及生命，不利于人的重大幸福、根本幸福和长远幸福，当然是应该避免的。有的虚幻幸福无损于重大幸福、根本幸福和长远幸福，是可以接受的。比如，有的癌症患者心理脆弱，如果告诉他实情，可能导致精神崩溃，过早死去；如果隐瞒真相，他会为自己免得癌症而庆幸，可能多活些时日。这种在善意谎言基础上获得的虚幻幸福，总比实言相告获得的真实痛苦要好。

三、追求幸福是一种能力

1980年5月，《中国青年》杂志第5期发表了青年潘晓给编辑的信。在信中，潘晓讲述了自己在工作、爱情、家庭生活中经历的种种不幸后，发出了这样的感慨："人生的路啊，为什么越走越窄……"这封信在青年中引起了巨大反响，在全社会也引起了广泛关注，并引发了持续整个夏天的大讨论，讨论的题目就是："人生的意义究竟是什么？"

关于人生的意义，以及相关的人生的价值、人生的目的，是一个古老的话题，几千年来围绕这个话题的讨论从未停止。尽管人们对这个话题的说法众说纷纭，但大的看法、基本结论是一致的，即追求幸福。古希腊哲学家德谟克里特认为，人生的目的就是追求幸福。近代法国哲学家帕斯卡尔提出，人人都追求幸福，这一点是没有例外的。无论他们所采取的手段是怎样的不同，但他们都趋向这个目标。恩格斯 1847 年在《共产主义信条草案》中指出："在每一个人的意识或感觉中都存在着这样的原理，它们是颠扑不破的原则，是整个历史发展的结果，是无须加以论证的。"**"这是一些什么原理呢？** 答：例如，每个人都追求幸福。"1886 年他在《路德维希·费尔巴哈和德国古典哲学的终结》中进一步指出："追求幸福的欲望是人生来就有的，因而应当是一切道德的基础。"

从人生幸福的界定和千百年来人们的实践经验中可以发现，追求幸福、获得幸福、享受幸福的过程，是人的生存发展需要得到满足基础上产生快乐心理体验的过程，其中有几个关键要素要牢牢把握好。

（一）适当的目标

在了解自身需求基础上提出适当的目标，是人们追求幸福的起点。人们的需求是丰富多彩的，目标也是多种多样的，从内容上看有物质目标和精神目标，从时间上看有短期目标和中长期目标，从程度上看有小目标和大目标等，必须结合自身实际，选择合适的目标。人这一辈子大部分时间是在两个环境中度过的，一个是家庭环境，一个是工作环境，因而选择提出合适的生活目标（伴侣）和工作目标（职业），对人生幸福程度影响极大，必须慎重决断。中国有句俗话，叫作"男怕入错行，女怕嫁错郎"。这话虽然有歧视女性之嫌，但也说明了这个问题的重要性。

人生的目的在于追求幸福，人生的意义在于获得幸福，人生的价值在于创造幸福。但是，幸福不会从天降，获得幸福是一种能力。

在选择合适目标的过程中，有一种情况是应当避免的，这就是目标过低或过高。目标过低，会埋没人的潜能，导致其无所用心、碌碌无为，错失可能得到的大的快乐和幸福。目标过高，力所不及，无法实现，得到的往往不是快乐和幸福，而是痛苦和不幸。在人们追求幸福的实践中，目标过低和过高的现象都反复出现过，但目标过高的现象更常见，更应当努力避免。英国物理学家焦耳年轻时痴迷于发明永动机，前后花了近十年时间，但因这种不消耗能量而能永远对外做功的机器违背了热力学基本定律，根本不可能存在，最后他不得不痛苦地放弃。令人遗憾的是，这种追求制造永动机的不幸故事，屡屡推出"现代版"。2019年5月23日，河南《南阳日报》头版刊发"水氢发动机正式下线"的消息，称车载水可以实时制取氢气，车辆只需加水就可行驶。这则消息在全国引起广泛关注和质疑，指出加水转化成氢气，氢气燃烧又变成水，这不就是永动机吗？这件事情的结局可想而知，因为这本身就是一个无法实现的目标。

在选择适当目标的过程中，还有一个问题应当引起注意，就是一定时期内主要目标要集中，不要多而散。因为人的精力是有限的，一心多用是困难的，目标多而散，必然导致左支右绌，顾此失彼。解决好目标集中的问题，特别要学会选择，懂得放弃，防止出现"布里丹毛驴效应"，最后一事无成，失去应有的幸福。所谓"布里丹毛驴效应"，出自法国哲学家布里丹讲的一个故事。布里丹养了一头毛驴，每天向附近农民买一堆草料来喂它。一天，送草的农民出于对哲学家的景仰，额外多送了一堆草料放在旁边。毛驴站在两堆一样的草料之间，左看看、右瞅瞅，始终无法决定选择哪一堆吃为好，最后竟活活饿死了。这个故事启示人们，鱼和熊掌不可兼得，在一定时间内不要奢望什么幸福都想获得，要选择对自己最重要、又有可能实现的去追求。

（二）必备的才干

追求幸福的人们都会有自己的奋斗目标，但实现情况却各有不同，有的完全实现了，有的部分实现了，有的则未能实现。个中原因，除了同目标是否适当有关外，还同才干高低密切相关。1711 年，没有任何炒股训练和经验的物理学家牛顿，看到英国南海公司股票价格飙升，不禁怦然心动，投入 7 000 英镑，两个月后居然挣了一倍。看到股价继续上升，牛顿再次追加投入，不过这次就没有那么幸运了，亏损 20 000 英镑，炒股以失败告终。牛顿感慨地说："我能计算出天体运行的轨迹，却难以预料到人们的疯狂。"同样有着炒股失败经历的美国著名篮球运动员乔丹也曾自嘲地说："我在篮球场上是天王巨星，在股市中却是一个一年级小学生。"

人的才干是由两部分构成的。一部分是先天具有的，被称为天分或天赋、天资。天分对实现某些目标，并获得相应幸福具有决定性的作用。特别是对文艺、体育等领域的人们来说，天分的要求就更高一些。1978 年，文化部和解放军总政治部发出通知，在全国遴选饰演毛泽东等领袖人物的演员。1979 年秋，中央军委副主席叶剑英亲自确定毛泽东饰演者时，仔细端详古月照片后连连说："很像，很像！"自那以后，古月成为饰演毛泽东的特型演员，先后在几十部影视剧中出演毛泽东，得到广大群众的普遍喜爱，并成就了他的演艺生涯。而古月形似毛泽东是天生的，绝大多数人不具备这个条件。

才干的另一部分是后天习得的，基本途径有两条：一是知识学习，一是实践锻炼。知识学习从一个人的学龄前就开始了，然后是系统的小学、中学、大学的学习，以及工作后的各种培训学习，从而为增长才干奠定必要的基础。实践锻炼的意义，在于将书本上学到的知识运用于具体工作实践，从而变成真才实学。多才多艺固然好，但对多数人来说有一技之长，甚至成为某个方面的专家，对于实现自己的人生目标更为重要。有些人对成为专家有畏难情绪，其实大可不必。美国两位畅销书作家丹尼尔·科伊尔和马尔科姆·格拉德韦尔提出了著名的"一万小时定律"，其核心内容是，一个健全的正常人无论做什么事情，只要坚持做一万小时，基本上都可以成为该领域的专家。比尔·盖茨虽然大学肄业，但因从13岁开始接触电脑，连续7年练习计算机编程，超过了一万小时，不但成为计算机编程方面的专家，而且创造了闻名世界的微软公司。

（三）不懈的奋斗

据报道，湖北神农架地区野猪糟蹋粮食情况曾经十分严重，有人想了一个省劲的"高招"，用录音机录上狮虎的吼声和人声、枪声，用高音喇叭播放，开始果然有效。但没过几天，野猪便发现绑在杆子上的喇叭只是叫唤而没有动作，于是索性把绑喇叭的杆子拱倒了。当地人议论说，说空话、唱高调，连野猪都糊弄不了。这个故事很值得每个追求幸福的人深思。人们即使有了适当的目标，有了必备的才干，若仅仅停留在脑子里想想，满足于嘴上喊喊，而不付诸行动，不努力奋斗，也不可能获得真正的幸福。正如习近平总书记反复强调的："中国人民自古就明白，世界上没有坐享其成的好事，要幸福就要奋斗。"

有的人"三天打鱼、两天晒网"，有的人"出勤不出力"，有的人"出满勤、干满点"，有的人"起早贪黑、披星戴月"，结果可想而知，幸福的天平自然更多地倾向于勤奋之人。《晋书·祖逖传》载，东晋范阳遒县（今河北涞水）人祖逖，年轻时就很有抱负，刻苦读书，发奋练武，甚至每天鸡叫时分就起床练剑，冬去春来，寒来暑往，从不间断，终于成为能文能武的杰出人才，担任了镇西将军，实现了自己报效国家的愿望。这就是祖逖"闻鸡起舞"的故事，告诉人们勤奋才有幸福的道理。

当然，勤奋是实干、苦干，但不是蛮干、乱干，同时还要同会干、巧干结合起来，这样才能增加成功的概率，实现幸福的目标。一位叫卢晓东的河南小伙子在北京三里屯卖菜，每天起五更、睡半夜，一个月只能挣1 000多元，勉强养家糊口，离他发家致富的目标相去甚远。后来，他留意到许多外国人喜欢购买精致小巧的菜品，便与蔬菜批发市场一些供货商悄悄签订合同，凡是小菜品都归他所有，从而在这一带做起了专门面向外国人的"垄断"生意。自从卢晓东知道这个窍门后，生意渐渐红火起来，并很快富了起来，被誉为"蔬菜王子"，创造了打工神话。

在追求幸福的征途上，虽然很多人都付诸了行动，但因为奋斗程度不同，幸福的实现程度也会有所不同。

（四）难得的机遇

幸福的获得，还同一个要素相关，这就是机遇。其实，机遇是幸福固有之意。"幸福"一词中的"幸"字，本身就含有幸运的意思。如果说，适当的目标、必备的才干、不懈的奋斗这几个要素是人可以影响的，难得的机遇则不同，它是客观的、不以人的意志为转移的，其特点是出其不意，稍纵即逝，可遇而不可求。人所能做的就是努力抓住，唯有抓住机遇，才能抓住幸福。法国著名科幻小说家凡尔纳，18岁时在法国巴黎学习法律。有一天，他出席一场晚会时早退，当他童心大发沿着楼梯扶手向下滑行时，撞在了法国作家大仲马身上。这个偶然的巧遇，让对文学充满兴趣的凡尔纳兴奋不已。于是，他抓住这个机会，主动接近大仲马，并在大仲马的帮助下走上了文学创作之路，成为享誉世界的"科幻小说之父"。

人们常说，机遇总是偏爱有准备的人。的确，能否抓住机遇、用好机遇，关键在于人们平时的准备。如果平时没有准备，当机遇不期而至时，很可能与其失之交臂。唐代诗人孟浩然40多岁才到京师长安游历，但由于平时缺乏准备，失去了出仕的机会。有一次，同为诗人的王维邀请孟浩然到内署做客，忽报唐玄宗驾到。这本来是个展示自己才华的好时机，但毫无思想准备的孟浩然慌忙躲了起来。王维实言相告孟浩然在此，唐玄宗大喜，让他出来相见，并与他谈诗。不料，准备不足的孟浩然吟诵的却是怨天尤人的诗，其中"不才明主弃"一句招致唐玄宗不悦。于是，孟浩然一生未受重用。

四、怎样理解幸福格言

格言是具有教育意义并可以作为行为准则的语句。一部人类社会发展史，就是一部追求幸福人生的历史。人民群众在追求幸福的实践中，总结出了大量富有哲理、发人深省、言简意赅的格言，诸如知足常乐、苦中有乐、助人为乐等。正确理解这些格言，对于我们树立正确的幸福观是大有裨益的。

（一）知足常乐

老子《道德经》中有言："祸莫大于不知足；咎莫大于欲得。故知足之足，常足矣。"人民群众在此基础上，结合自己的感悟，形成了通俗易懂的"知足常乐"格言，可以从以下三个方面理解：

一是不求贪欲之乐。清代钱德苍所编《解人颐》一书中，收入一篇至今仍广泛流传的《不知足歌》："终日奔波只为饥，方才一饱便思衣。衣食两般皆俱足，又想娇容美貌妻。娶得美妻生下子，恨无田地少根基。买到田园多广阔，出入无船少马骑。槽头扣了骡和马，叹无官职被人欺。县丞主簿还嫌小，又要朝中挂紫衣。做了皇帝求仙术，更想登天跨鹤飞。若要世人心里足，除是南柯一梦西。"这首打油诗说明，人的欲望是没有止境的，一个欲望满足后，接着会产生更高的欲望，当更高的欲望满足后，又会产生较之前还高的欲望，如此不断，永远不会满足。这种不满足具有两重性：从积极的方面说，可以使人保持进取精神，推动社会发展进步；从消极的方面说，会诱发人的贪欲，追求非分之福，并因无法得到满足而陷入长期痛苦之中。因此，"知足常乐"并不是要人们放弃正当追求，而是摒弃失当贪求，这样就能避免因此而带来的不必要的烦恼和痛苦，保持快乐和幸福心境。相传唐代围棋大师王积薪总结出的"围棋十诀"，其中第一条就是"不得贪胜"。围棋比赛争的就是获胜，如何理解"不得贪胜"？可求而不可贪也。"求"是朝着既定目标努力，"贪"则是对欲望的无限放大。既想赢得多，又想赢得快，如此之"贪"必然使人心态失衡，铤而走险，痛失好局。王积薪的"不得贪胜"，对我们深化对"知足常乐"的认识，无疑是有益的。

二是珍惜当下之福。2020年4月初，新冠肺炎疫苗试验志愿者任超在接受记者采访时说，作为武汉人，以前无论是在东湖跑步，还是到超市购物，都习以为常，从不认为是什么幸福。武汉封城后，每天宅在家里，哪儿也不能去，才深切体会到，能够享受那些习以为常的事情就是一种幸福。是啊，人就是这样，得到时不珍惜，失去时才知道宝贵，失而复得后才感受到快乐和幸福。"知足常乐"格言启示人们，必须满足当下，珍惜当下，享受当下。

三是常思不及之苦。幸福是比较出来的。作家史铁生曾这样写自己："生病的经验是一步步懂得满足。发烧了，才知道不发烧的日子多么清爽。咳嗽了，才体会不咳嗽的嗓子多么安详。刚坐上轮椅时，我老想，不能直立行走岂非把人的特点搞丢了？便觉天昏地暗。等到又生出褥疮，一连数日只能歪七扭八地躺着，才看见端坐的日子其实多么晴朗。后来又患'尿毒症'，经常昏昏然不能思想，就更加怀恋起往日时光。终于醒悟：其实每时每刻我们都是幸运的，因为任何灾难的前面都可能再加一个'更'字。"终于醒悟的何止史铁生一个人呢。有人将众人的这种醒悟加以总结概括，写出了一首《知足歌》："人生尽有福，人苦不知足。思量事累苦，闲静便是福。思量疾厄苦，健康便是福。思量患难苦，平安便是福。思量死亡苦，生存便是福。思量奔驰苦，居家便是福。思量罪人苦，无犯便是福。

思量下愚苦，明理便是福。莫谓我身不如人，不如我者正繁复。退步思量海样宽，眼前便是许多福。"所以，做到"知足常乐"，就要学会降低幸福底线，这样就会使幸福"水落石出"，随处可见。

（二）苦中有乐

有一首叫作《幸福在哪里》的歌，其中有一段歌词是这样的："幸福在哪里？朋友我告诉你，它不在柳荫下，也不在温室里，它在辛勤的工作中，它在艰苦的劳动里。"这段歌词揭示了幸福与痛苦的关系，诠释了苦中有乐的道理。具体来说，怎样从苦难中追求快乐和幸福呢？

一方面是苦中找乐，就是从辛苦的工作中寻找快乐和幸福。同样的工作，有的人只知道苦着干，而有的人却可以乐着干。因为乐着干的人在苦中找到了乐趣，从而使自己的兴奋点发生转移，虽苦但不觉苦。著名主持人白岩松曾经出版过一本书，书名叫《痛并快乐着》，道出了许多人的心声，引起了广泛共鸣。许多从事机关文字工作的人都知道干这行的有"三苦"，即辛苦、心苦、薪苦，但如果能够将吃苦的过程视为锻炼毅力、增长才干的过程，甚至把战胜苦难也作为一定阶段的目标，发现和找出苦中的这些"乐"点，便能够做到痛并快乐着。

另一方面是化苦成乐，就是把痛苦的压力变成追求快乐和幸福的动力。孟子说，生于忧患，死于安乐。意思是，忧虑祸患能使人生存发展，安逸享乐会使人走向灭亡。这说明快乐并非绝对的好事，苦难也并非绝对的坏事。事实的确如此。河北省枣强县新村女孩王欣怡家境贫寒，但生活的艰辛反而成为她奋发学习的动力，中考时她以全县第一的成绩考入枣强中学，高中三年始终名列年级前三，2018年她以707分考入北京大学。她在作文《感谢贫穷》中写道："感谢贫穷，你赋予我生生不息的希望与永不低头的力量。"

（三）助人为乐

社会性是人的本质属性，也就是说，人是社会的人，离开了社会就难以生存和发展。因此，正如商品的价值是在流通中实现的，人的价值与意义、人的快乐与幸福则是在交往中实现的。1937年日本侵略者在南京进行骇人听闻的屠杀时，德国人约翰·拉贝联合多位正直的在华外国人士，设立了不足4平方公里的"南京安全区"，为20多万中国人提供了藏身之所，免遭日寇迫害和杀戮。拉贝也因挽救了这么多中国人的生命而感到欣慰。80多年后的2020年春，当席卷全球的新冠肺炎疫情在德国肆虐时，身为医生的拉贝的孙子向中国紧急求购药物，中国人立即无偿捐赠，并从中体会到了当年拉贝救助中国人时的那种助人之乐。这正印证了恩格斯的论断，"每个人都追求幸福。个人的幸福和大家的幸福是不可分割的"。

助人有多寡之分，由此获得的快乐和幸福也有大小之别。马克思主义幸福观认为，为大多数人谋幸福的事是最幸福的事，为大多数人带来幸福的人是最幸福的人。马克思17岁在《青年在选择职业时的考虑》中说："如果一个人只为自己劳动，他也许能够成为著名学者、大哲人、卓越诗人，然而他永远不能成为完美无疵的伟大人物。""那些为共同目标劳动因而自己变得高尚的人是伟大人物；经验赞美那些为大多数人带来幸福的人是最幸福的人"。马克思还特别强调："如果我们选择了最能为人类福利而劳动的职业，那么，重担就不能把我们压倒，因为这是为大家而献身；那时我们所感到的就不是可怜的、有限的、自私的乐趣，我们的幸福将属于千百万人，我们的事业将默默地、但是永恒发挥作用地存在下去，而面对我们的骨灰，高尚的人们将洒下热泪。"这昭示人们，在追求幸福的过程中，既要追求个人幸福，也要追求多数人幸福，尤其要善于将个人幸福融入多数人的幸福之中，这样就更容易拥有一个幸福的人生。

当满足别人的需要成为自己的需要，给别人带来快乐自己也感到快乐时，一种不同于自得其乐的快乐体验便产生了，这就是助人为乐，由此产生的幸福也可以称为助人为福。

吃亏是福

得中有失、失中有得
得失相伴相生、相互转化

谈谈得失

晚清重臣曾国藩在《治心经·得失篇》中讲述过这样一段话，"自咸丰年来，每遇得意之时，即有失意之事相随而去"。他列举了四个事例，其中一个是这样的，"甲寅冬，余克武汉田家镇，声名鼎盛，腊月二十五甫奉黄马褂之赏，是夜即大败"。接着，他发出了这样的感叹："此四事者，皆吉凶同域，忧喜并时，殊不可解。"所谓"殊不可解"，就是觉得很不好理解。实际上，古今中外每个人的一生中，都会碰到各种各样得失相伴而生的事情，也都会有曾国藩"殊不可解"的同感，实有必要再研究、再认识。

一、得失伴生现象

中国有句古话：吃亏是福。吃亏是受损失，怎么会是福呢？听起来是一种悖论，却蕴含着深刻的哲理。在湖南怀化洪江古商城青石板巷塘冲1号的古窨子屋墙壁上，清代扬州著名的书法家郑板桥留下了"吃亏是福"的壁联，上面写道："满者损之机，亏者盈之渐。损于己则利于彼，外得心情之平，内得我心之安，既平且安，福即是矣。"这告诉我们，亏己者，能让别人觉得他有度量而拥有良好的人际关系，遇到困难时别人也乐于向他伸出援助之手。可见，吃亏是伴随着享福一起存在着的，"吃亏是福"的根源在于失去的背后有获得。这种得中有失、失中有得、得失相伴相生、相互转化的现象并不是个别的，而是大量存在于社会生活的方方面面。

（一）经济生活中的得失伴生

经济关系是社会生活中的基本关系，经济交往、交易、交换是经济关系的重要体现。而经济活动的基本原则就是等价交换。所谓等价交换，就是在公平、公正、公开的情况下进行交易，任何一方都必须以相等价值的商品相交换，不能"只得不失"，也不能"只失不得"，否则交易就不能成功，经济活动就无法进行。这种等价交换，实际上体现的就是一种得失伴生关系。

当然，在经济生活中也经常出现这样的现象。一种是一些个人或企业采取欺骗消费者的做法得到超额利润，其最终结果是受到社会的惩罚。如被称为"世纪巨骗"的美国人伯纳德·麦道夫，利用自己开办的金融机构，采取金字塔"庞氏骗局"手法，骗取客户资金高达650亿美元，在2008年金融危机中东窗事发，2009年被判处150年刑期。一种是一些个人或企业积极回报社会、参与公益事业，虽然失去了部分利益，但得到社会的高度评价，树立了良好的社会形象，增加了无形资产。同麦道夫形成巨大反差的是，中国福耀玻璃集团董事长曹德旺，2008年在"中华慈善奖"大会上荣获"最具爱心慈善捐赠个人"称号，2009年荣获有着企业界奥斯卡之称的"安永全球企业家大奖"，系获此殊荣的首位华人企业家。曹德旺从1983年开始做慈善，到2020年累计捐款80多亿元。这种善行不仅给个人、也给企业带来了良好声誉，其产品行销全球，已经成为中国第一、全球第二大汽车玻璃供应商。

（二）政治生活中的得失伴生

政治生活中的核心问题是政权问题。政权的兴亡和更替反映着政治生活中最大的得失。纵观我国漫长的封建社会的历史，每个朝代由兴到衰，由衰至亡，兴衰更迭，长则数百年，短则数十年或者数年，真可谓其兴也勃，其亡也忽。世界历史同样如此，一些不可一世的大帝国最终崩溃坍塌，淹没在历史的长河中；一些长期执政的大党老党也没能避免垮台的命运，成为历史的过眼烟云。探究其中的奥秘，民心之得与失构成了政权兴亡的基本原因和结果。水能载舟，亦能覆舟。得民心者得天下，失民心者失天下。

然而对于执政者而言，民心的得以及得到多少，取决于执政者为民众利益的付出以及付出的多少；民心的失以及失去多少，也反映了执政者对民众的搜刮以及贪婪的程度。1917 年，苏联共产党虽然只有 35 万名党员，但因为得到广大人民的支持，取得了十月革命的胜利，成为执政党。1991 年苏共党员发展到 1 500 多万人，有了 70 多年的执政历史，却丢掉了政权，苏联也宣告解体，其根本原因是失去了人民的支持。当时的一项民意调查显示，85％的苏联人认为苏共只代表少数特权阶层。苏共最后一任总书记戈尔巴乔夫也坦称，"失去了人民的支持，就失去了主要的资源"，"这是我犯的错误，主要的错误"。

这种得失伴生现象还大量出现在历史中，如越王勾践亡国被俘，卧薪尝胆，舍王尊而得江山社稷光复；南唐后主李煜不谋皇帝之政，耽于诗文书画，登上了文艺的高峰，却沦为亡国之君。杜牧的《阿房宫赋》指出："灭六国者六国也，非秦也；族秦者秦也，非天下也。嗟乎！使六国各爱其人，则足以拒秦；使秦复爱六国之人，则递三世可至万世而为君，谁得而族灭也？秦人不暇自哀，而后人哀之；后人哀之而不鉴之，亦使后人而复哀后人也。"这就在很大程度上揭示了人心向背与政权更替的得失伴生关系。

（三）文化生活中的得失伴生

文化是人类在社会历史发展过程中创造的物质财富和精神财富的总和，也是民族的生命力、创造力和凝聚力的重要体现。建设和发展文化事业，始终面临着一个如何取舍的问题。面对先进文化与落后文化，人们要取舍；面对传统文化与现代文化，人们要取舍；面对东方文化与西方文化，人们也要取舍。

在经济全球化带来的各种文化相互碰撞与融合的过程中，如何取舍显得更加突出。比如，德国统一不久，柏林议会就把波茨坦广场卖给奔驰和索尼公司，这里虽然迅速发展成巨型繁华商业区，但与城市文化不协调的问题却让人多少感到有些遗憾。在我国城市化进程中，一些城市的老城被重新规划改造，老街、老巷、老院、老房被夷为平地，由钢筋水泥玻璃等构造的摩天大楼成了城市建设的唯一模式，人们虽然享受到了现代文明的成果，却失去了胡同、四合院、弄堂、大院等宝贵的本土特色和文化底蕴。

因此，在发展现代文明的同时，世界各国都投入大量的人力物力对传统文化进行保护。丹麦、罗马尼亚、俄罗斯等国家采取各种措施，搜集、记录和整理民间文学艺术作品，并成立专门机构开展研究；日本、韩国等国家通过制定文化财产保护法，促进民族民间文化的弘扬；法国于20世纪60年代开展了民间文化遗产的国家性抢救工程，对文化遗产进行"总普查"；党的十八

如何"取"得合理、"舍"得其所，实际上就是文化发展中的得失问题。

大后，中共中央办公厅、国务院办公厅印发了《关于实施中华优秀传统文化传承发展工程的意见》，提出要坚持创造性转化、创新性发展，坚守中华文化立场、传承中华文化基因，不忘本来、吸收外来、面向未来，创造中华文化新辉煌。这些都充分说明，所谓古为今用、东西合璧、兼收并蓄等，就是对得与失的综合选择和运用。

（四）日常生活中的得失伴生

在日常生活中，我们经常听到这样的说法："让我想想"，"再琢磨琢磨"，"仔细合计合计"。这本身就表明，"想想""琢磨""合计"的背后存在得失问题，如果只有得没有失或只有失没有得，也就没有必要去"想想""琢磨""合计"。可以说，得失是人们在生活中经常遇到、无法回避的一对矛盾，并随着时间、地点和条件的改变而变幻莫测。《淮南子》中"塞翁失马"的故事就充分说明了这一点。塞翁失了马，本是祸事；后来失去的马带了匹骏马归来，祸事变福；他儿子骑马摔坏了腿，福又变祸；儿子因跛免于被征兵战死沙场，祸又变福。

诸如此类的现象，在现实生活中比比皆是。比如，"工作狂"得到了事业上的成功，却失去了家庭的天伦之乐；明星得到名声，却失去了安宁；拼命赚钱的富豪得到了财富，却失去了健康。这些得失的选择和转换，始终与我们的生活相伴而行。

除了经济、政治、文化、日常生活领域外，以人与自然关系为特征的生态领域，同样存在大量得失伴生的现象。人类社会由农业文明发展到工业文明时期，社会生产力获得了前所未有的发展，人们的生活水平获得了前所未有的提高，但同时也带来了前所未有的问题，如失去了大量宝贵的资源，面临着严重的能源危机，失去了良好的生存环境，面临着严重的空气、土地、水污染等。正是为了解决这个得失问题，实现人与自然和谐发展，世界各国普遍开始重视生态文明建设。

二、得失伴生定律

得与失作为社会中大量存在的普遍现象，如何认识和把握，始终是人们必须面对的共同课题。古往今来，中国一些著名的思想家、政治家从不同角度进行了探索和阐发。《易经》中说："无丧无得。"孔子说："其未得之也，患得之；既得之，患失之。"孟子说："生，亦我所欲也；义，亦我所欲也，二者不可得兼，舍生而取义者也。"庄子说，"得而不喜，失而不忧，知分之无常也"。刘安说："事或夺之而反与之，或与之而反取之。"杨时说："妄得之得，失亦继焉。"所谓舍得，就是有舍必有得，有得必有舍。这些都不同程度地反映了人们对得失伴生现象的认识。但得失为什么伴生、如何伴生，其存在、发展和变化的条件是什么，是不是可以上升为得失伴生定律？答案是肯定的。

（一）得失伴生定律中得与失的内涵

得失伴生定律中的"得"，主要是指得到、取得、获得，"失"

所谓得失伴生定律，就是指人们在一定的时间和空间内的得与失，总是相互依存、相互转化的。质言之，就是有得必有失，有失必有得。

主要是指遗失、丧失、失去，其内涵具有三种规定性：

一是这种"得"与"失"具有客观性。无论是"得"还是"失"，都是一种客观结果。比如，"得"作为一种客观的获得，好的、坏的、不好不坏的都在其内，如得到民心、得到天下、得到胜利、得到奖励、得到爱情等是"得"，得到失败、得到债务、得到惩罚、得到死亡等也是"得"，并不是说好的结果才是得，不能简单地把"好"与"得"、"对"与"得"画等号。这种"失"也是客观的，失去江山、爱情、财富、朋友、亲人、地位、机遇、生命等是"失"，失去人格、道德、青春、时间、光明等是"失"，失去罪恶、错误、灾害、厄运、死亡等也是"失"，并不能简单地把"坏"与"失"画等号，不能简单认为"失"就是不好、不利、不祥。

二是这种"得"与"失"具有现实性。无论是"得"还是"失"，都是一种现实中确实得到或失去的结果。预期的东西、计划的东西、想象的东西、自认为可以得到的东西，都不是"得"，只有实实在在已经获得的结果才是"得"。"失"也是一种现实结果，只有实实在在已经没有了、丢掉了、离开了、不可挽回了的东西才能是"失"。

比如，唐代沈既济在《枕中记》中讲了一个"黄粱美梦"的故事。说的是有一个姓卢的书生，入住邯郸旅店，向同住的道士诉说自己的贫困，道士听后，便从其行李中取出一个枕头，让其先睡一会儿。他很快就睡着了，并做了一个梦，梦见自己考取了进士，当了大官，娶了一位高贵而美丽的小姐，过上了荣华富贵的生活。醒来后，发现这种梦中所得并非真得，店主人煮的黄粱饭还没熟呢。又比如，大臣们祝皇帝"万岁、万岁、万万岁"，事实上皇帝并不能得到万岁。

三是这种"得"与"失"具有单一性。无论是"得"还是"失"，只要发生和出现一次，就可以认定；对其价值判断和衡量，也是由每一次发生的客观事实来确定的。尽管"得"与"失"可以在一个个体、几个个体和一定时空内多次出现，连续转化，但不能用多次来认定和衡量。比如"塞翁失马"中的几次祸福转换，对其得失的判断都是以每一次发生的事实为依据的。

（二）得失伴生定律中得与失的主体、客体、适用和实质

"得"与"失"的主体是人及其集合体，既可以是一个人，也可以是一个单位、团体、政党、阶层、民族、国家等。

"得"与"失"的客体，既可以是物质的，也可以是精神的；既可以是有形的，也可以是无形的；既可以是时间，也可以是空间。当然，客体也可以包括人，因为对于此人来说，彼人就是他的客体。当客体属于物质的时候，有时是可以精确测度的；而当客体属于精神的时候，则难以量化和精确测度。比如，贪官受贿得到了钱财，

却失掉了内心的安宁，失掉了威信，甚或失去了职位、自由和生命，钱财可以量化，但安宁、威信和自由等很难量化。

"得"与"失"的适用包括两种情况：其一，同一主体对不同客体（见图2-1），而不能是同一主体对同一客体（见图2-2）。比如，某人由副处长升为（得到）处长职位这个事实中，主体是一个，即某人，客体是两个，即处长和副处长。按照得与失的适用情况，说某人得到处长职位同时就失去了副处长职位，这对得失关系是成立的。但如果说，某人得到处长职位的同时又失去了处长职位，或者说某人失去了副处长职位的同时又得到了副处长的职位，这对得失关系是不成立的。其二，不同主体对同一客体（见图2-3），而不能是不同主体对不同客体（见图2-4）。比如，你我同时竞争某处长职位这个事实中，主体是两个，即你和我，客体是一个，即某处长职位。说我得到某处长职位的同时，你就失去了某处长职位，这对得失关系是成立的。但如果说，我得到了某处长职位的同时，你失去了某处长以外的职位，这对得失关系是不成立的。因为某处长以外的职位不是同一客体，与这对得失关系没有联系。

由此可见，"得"与"失"是在比较中产生的，必须在两个及两个以上主体或两个及两个以上客体之间进行，并且这两个及两个以上主体或两个及两个以上客体之间必须有内在的、必然的联系，否则就构不成得失关系。

"得"与"失"的实质就是利益得失。何谓"利益"？有人一讲到"利益"，便以为是吃穿住行之类，局限于物质层面，这种理解

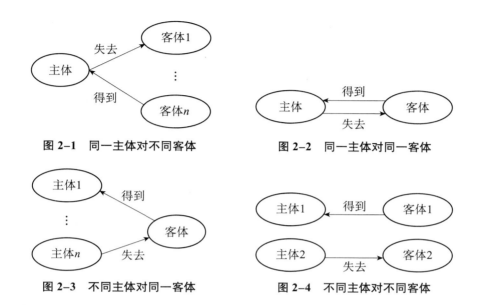

图 2-1　同一主体对不同客体　　　　图 2-2　同一主体对同一客体

图 2-3　不同主体对同一客体　　　　图 2-4　不同主体对不同客体

窄了。利益是在需要基础上产生的,凡是能够满足人们需要的东西,都可以构成利益,因而马斯洛需要层次理论中涉及的生理、安全、归属和爱、尊重、自我实现的需要,总括地说,就是物质与精神需要都属于利益范畴。因此,"得"与"失"的实质就是利益得失,利益是衡量和选择得失的根本尺度。

（三）得失伴生定律的理论依据

得失伴生定律不仅有充分的事实依据,也有充分的理论依据,其中最重要的就是对立统一规律。对立统一规律作为唯物辩证法的实质和核心,是人们在自然界、人类社会和思维领域内发现的最本质、最普遍和最深刻的规律之一。得失伴生定律作为对得与失存在、发展和应用的规律性认识,是对立统一规律在得失方面的实际运用。

一方面，得与失是相互对立的，即得失具有各自质的规定性，得就是得，失就是失。或者说，得不是失，失也不是得。另一方面，得与失又是统一的，即得与失是相互依存的，并在一定条件下相互转化。

按照对立统一规律，得与失是相互伴生的。这种伴生主要体现在两个方面：其一，按照得与失的相互依存关系，有得必有失，有失必有得。在社会生活中，找不出一个只有得没有失或只有失没有得的实例。比如在一对具体得失关系中，得到高就失去低，得到大就失去小，得到方就失去圆，得到难就失去易，得到苦就失去甜，得到好就失去坏，得到生就失去死等。其二，按照得与失的相互转化关系，得与失是不会凭空产生和消失的，只会在一定条件下向相反方向转化，得会转化为失，失也会转化为得，从而构成新的得失伴生关系。综上所述，得与失总是相互伴生、不可分离，互相转化、相辅相成的。这种伴生是绝对的，是不以人的意志为转移的。

（四）得失评价与选择中的主观性

既然得失是伴生的，那么得失有没有大小、

对立统一规律强调矛盾的两个方面既相互对立，又相互统一。得失伴生定律中得与失就是这样一对矛盾。

好坏之分呢？有的。但这通常是由人们在得失评价与选择中的主观性造成的。虽然在通常情况下，社会对某个事物都有一定的主流价值认定，但不同的人由于需求和偏好等的不同，对同一事物的价值判断会有所不同，甚至截然相反。

比如，在同一对得失关系中，有的人认为得大失小，有的人认为得小失大。抗日战争时期，梅兰芳蓄须明志，不为日本侵略者演出，失去了表演机会，得到了民族气节，尽管有的人认为他是失大于得，他却认为是得大于失；雷锋放弃了无数节假日和休息时间来帮助别人，得到了全心全意为人民服务的快乐，有的人认为他失大于得，而他认为是得大于失，是值得的。

再比如，人们认为有的得是好事，也认为有的失是好事；反之亦然，人们认为有的失是坏事，也认为有的得是坏事。在生命与死亡这对得失关系中，多数人认为得到生命、失去死亡是好事，得到死亡、失去生命是坏事，但对于那些舍生取义或厌世轻生的人来说则恰恰相反，得到死亡、失去生命被视为好事，而得到生命、失去死亡则被视为坏事。还有一种苟且偷生的情况，人们对其是好事还是坏事的看法同样大相径庭。1912 年 4 月，英国泰坦尼克号客轮在首航途中撞上冰山。日本男乘客、运输大臣细野正文，违逆船长把有限的求生机会让给妇女儿童的要求，想方设法跳进载满妇女儿童的救生艇，捡回了一条命。尽管细野正文认为如此死里逃生是好事，但其他许许多多人的看法则完全相反。1939 年他死后，一位日本记者的评论代表了绝大多数人的看法："在泰坦尼克号巨轮上将求生机会留给妇女儿童的那些男人，将永远活在人们心中；而细野正文，则在人们心目中早已死掉了。他耻辱地多活了些年，还不如当时勇敢地死去。"

即使同一个主体，在不同时期和不同环境中对同一客体的评价和选择也会有所不同，女性对于胖瘦这对得失关系的评价就是如此。中国唐代大多以得胖失瘦为美，而中国当代则大多以得瘦失胖为美。在一颗红宝石和一瓶水这对得失关系中，通常情况下，人们都会认为一颗红宝石的价值远远大于一瓶水，会毫不犹豫地选择红宝石而弃水，但一个身处荒漠将要渴死的人则认为一瓶水的价值远远大于一颗红宝石，宁愿得到一瓶水而放弃红宝石。人们在得失选择上是遵从趋大避小、趋好避坏原则的。

可以说，人们在得失大小、好坏主观评价上的不同，使得失的选择具有鲜明的主观色彩。这也正是研究得失伴生问题、树立正确得失观的重要意义所在。

三、树立正确的得失观

理论的价值并不在于理论本身，而主要取决于在实践中的应用范围和程度。现实生活中，在经济、政治、文化、社会各个领域，从领导到群众，有数不清的得与失需要去面对、去选择，而不同的决定，对个人前途命运会有不同的结果，对国计民生会产生不同的影响。因此，必须正确把握和运用得失伴生定律，树立正确的得失观，处理好各个方面的得失问题。

（一）正确把握和运用得失伴生定律，是树立正确人生观、价值观的基础

人为什么活着，活着为了什么，追求什么，实现什么？是为人处世、安身立命必须解决的一个根本问题。这些都体现在人们的日常生活中，体现在人经常面对的许许多多的得与失之中。人们常常遇到这样的现象：对一些不属于自己的东西，拼命去追、去求，甚至去偷、去抢，千方百计地想得到；对一些自己拥有的东西，却不珍惜，弃之如敝屣，从而给自己的人生投下了阴影，甚至走向毁灭。1937 年 10 月 11 日延安举行数千人的公审大会，公审对象是参加过长征的革命功臣、抗日军政大学第六大队队长黄克功，罪行是逼婚不成枪杀了陕北公学女学员刘茜。陕甘宁边区高等法院审判长雷经天宣布了判处黄克功死刑、立即执行的决定，同时宣读了毛泽东主席的信，信中写道，黄克功卑鄙、残忍，失掉了党的立场，失掉了革命的立场，失掉了人的立场，犯了不容赦免的大罪。毫无疑问，黄克功正是因为失去了本不该失去的党的立场、革命的立场、人的立场，妄图获得本不可得到的婚姻，才导致了自己的毁灭。

面对各种失去，有的人豁达、大度，拿得起、放得下；有的人则总是沉浸在失去的痛苦之中，耿耿于怀、喋喋不休、长吁短叹，没有想到要去创造新的机遇，以重新获得和拥有，甚至因为长时间的"放不下"而忧愤成疾、抑郁而终。这与其说是没有树立正确的人生观，不如说是缺乏正确的得失观。

> 人生在世想逃离得失，既不可能、也没必要。想不被其拖累和左右，就要正确把握和运用得失伴生定律，努力做到『得』得有价值，『失』得有意义；得到时不得意忘形，失去时不失魂落魄。

得失伴生定律不仅是一种生活的哲学，更是一种处世为人的艺术。得失的本质是利益的得失，而对利益的得失，不同的人有不同的态度：有的人利人利己，是"智人"；有的人利人不利己，是"好人"；有的人损人利己，是"坏人"；有的人损人损己，是"蠢人"。由此可见，得失观与人生观、价值观紧密联系，有了正确的得失观，才有正确的人生观、价值观。

（二）正确把握和运用得失伴生定律，是当好领导的秘诀

当好领导，更要重视对得与失的认识和处理。历史上或身边的有威望的领导者，从大禹到岳飞，从方志敏到杨靖宇，从焦裕禄到孔繁森，无一不是亏己的典范，正因为如此，他们才得到了人民群众的拥护和爱戴。

对领导党、执政党来说，也有一个正确处理得与失的问题。新中国成立以来，中国共产党作为领导党和执政党，在统一战线中始终强调照顾和维护同盟者的物质利益和政治利益，得到了党外人士的信赖和拥护，领导和执政地位日益巩固和加强。相反，抗日战争胜利后，国民党当局不顾共产党和全国人民实行民主政治、建立联合政府的呼声，悍然发动内战，妄图消灭中国共产党及其领导的革命力量，结果失掉了抗日战争期间积累的名望，失掉了人民的支持，最终惨败并失去了政权。

这些都充分说明，无论对于领导者，还是对于领导集团来说，实现领导的秘诀，就是正确认识和把握得失伴生定律，努力做到先人后己、奉公克己，努力做到全心全意为人民服务。唯此，才能得到民心，才能有效行使领导权。

（三）正确把握和运用得失伴生定律，是科学决策的关键

决策是一个极其复杂的过程，但就其本质而言，则是一个得失的分析、论证和取舍的过程。做任何一件事情，都有利弊得失，有利无害或有害无利的事情几乎是没有的，而决策则是在全面权衡的基础上进行趋利避害的选择。这就要求决策者正确运用得失伴生定律，正确把握得失的相互联系和转化，正确衡量、判断和选择得失。

运用得失伴生定律进行科学决策，要把握三个环节：一是得失分析环节，在纷繁复杂的事物中尽可能地把相关的得与失都找出来，并做全面分析，既不能只看到"得"看不到"失"，也不能只看到"失"看不到"得"。二是得失论证环节，明确哪些是可以得到、应该得到的，怎样得到以及得到后对全局和长远的影响，哪些是可以失去、应该失去的，以及失去后对全局和长远的影响。三是得失取舍环节，取最需要的"得"，舍最应该的"失"，在有得有失中做出正确选择。只有这样，才有可能避免和减少决策的失误。比如，

1961年我国发生严重自然灾害时，为解决人民吃饭问题，有关部门提出两个方案供中央决策时选择：一是粮食征购880亿斤不减，地方上调粮120亿斤不变，城市人口维持现状；二是粮食征购任务减少40亿斤，地方上调任务减少20亿斤，减少2 000万城市人口。采取前一种方案，农民负担依旧，农业恢复困难，但可以保持城市稳定；采取第二种方案，有利于农业发展，但要动员2 000万城市居民到农村。中央两利相权取其重，两害相权取其轻，决定采取第二种方案，减少城市人口，缓解粮食供应紧张局面，促进了农业的恢复发展，全局皆活。

（四）正确把握和运用得失伴生定律，是实现对社会有效治理、构建和谐社会的要旨

和谐社会本质上是正当利益得失大体平衡的社会。政策、法律本质上是用来调节利益得失关系的，因而社会治理的本质就是通过制定、实施政策、法律等手段，保持社会成员正当利益关系的大体平衡，实现社会公平正义，促进社会和谐。英模人物在许多方面付出和失去，就需要给予相应奖励进行补偿；犯罪分子通过不法手段获取利益，就要依法通过惩罚使之部分或彻底失去。当社会基尼系数较高、收入差距拉大时，就要出台相关的政策法规，将社会得失维持在一个大体平衡的水平。否则，社会就缺乏公平正义，社会成员难以和谐相处，社会也就无法团结稳定。

当前，在我国社会多样化发展、各种利益矛盾日益突出的情况下，对社会进行有效治理、建设和谐社会，最基本的就是要正确认

识和处理不同社会成员之间的得失关系，通过实行充分就业、公平分配、社会福利等政策，建立科学公正的分配机制等，最大程度地实现各地区、各领域和各方面成员利益得失的大体平衡。对于一些因特殊情况而导致的失衡现象，应采取相应的补偿措施，使全体社会成员各尽所能、各得其所，和谐相处、共谋发展。

一见钟情
　是可能的
但一见成婚
　则是不可取的

谈谈家庭

马克思说过，人的本质是一切社会关系的总和。每个人在社会中都要面临和处理各种关系，如家乡里的同乡关系、学校里的同学关系、单位里的同事关系、部队里的战友关系、行业里的同行关系、政党里的同志关系、国家里的同胞关系，等等。而在所有社会关系中，家庭关系是最经常、最密切、最基础的关系。

"家庭"一词是在"家"字基础上演变而来的。按东汉许慎《说文解字》的解释，"宀"为屋，"豕"为猪，"宀"与"豕"合而为"家"，即为家的本义。从清代段玉裁的注解可知，"家"字在演变过程中本义逐渐消失，"人的住所"这个引申含义保留了下来。再到后来才出现了"家庭"一词，基本含义指一家之内。如《后汉书·郑均传》中就有这样的表述："常称病家廷，不应州郡辟召。"此处的"家廷"同"家庭"。

如果从"家庭"一词的演变，认为"家"就是房子或庭院，那就错了。美国旧金山曾发生了这样一个故事。一个醉汉躺在街上，警察扶起来一看是当地的一个富翁，便提出送他回家。富翁却说："家？我没有家。"警察指着远处一栋别墅问："先生，那是什么？"富翁答："那只是我的房子。"究竟什么是家庭，其本质和功能是什么呢？马克思、恩格斯早就指出："每日都在重新生产自己生命的人们开始生产另外一些人，即繁殖。这就是夫妻之间的关系，父母和子女之间的关系，也就是**家庭**。"目前，人们普遍认为，家庭是由婚姻、血缘或收养等关系所组成的社会生活的基本单位。所以，家庭就其根本特征而言，绝不仅仅是房子、庭院，而是亲人、亲情。

邓小平在1992年1月视察珠海时说：家庭是个好东西。因为人首先是家庭的人，然后是社会的人，人的一生大部分时间是与家庭成员度过的。家庭关系处理得如何，不仅影响生活，而且影响学习、工作，不仅影响个人，而且影响单位、社会。党的十八大后，习近平总书记强调要重视家风家教，构建和谐家庭，对正确处理家庭关系提出了新的要求。家庭关系不同于其他关系，核心是亲情关系，好处理源于此，难处理同样源于此。家庭关系涉及多个方面，其中重点要处理好婚恋关系、夫妻关系、与子女的关系、与父母的关系、婆媳关系及与亲戚的关系。

一、正确处理婚恋关系

自古以来，婚恋关系就被视为最甜蜜的关系，引出了无数美丽动听的故事；同时也是最纠结的关系，引出了无数令人扼腕叹息的悲剧。从中国的牛郎与织女到梁山伯与祝英台，从国外的阿多尼斯与维纳斯到罗密欧与朱丽叶，这些经典爱情故事赚足了青年男女的眼泪，当然其中有欢喜的眼泪，更有悲伤的眼泪。这是因为婚恋的目的是婚姻，但毕竟尚未成婚；彼此之间关系的走向是由恋人成为爱人，但毕竟尚未成为爱人。因此，婚恋与婚姻之间的尺寸如何拿捏，恋人与亲人之间的微妙关系如何处理，是需要较高艺术的。

（一）谈恋爱的基础是谈

中国人将恋爱称为"谈恋爱"，是有一定道理的。谈，是恋爱的基础。这是一个必经的程序，也是一个不应太短的过程。恋爱的全部活动大都是围绕谈来展开的，如下饭馆不在吃饭而在谈，逛公园不在散步而在谈，去旅游不在观景而在谈。因为只有谈才能彼此认识、相互了解、积累感情，从而由生人成为熟人，由熟人成为恋人，进而由恋人成为爱人。当然，谈并不排斥做，但这应该是在谈的基础上的自然过程，决不能把恋人阶段才能做的事提前到熟人阶段来做，更不宜把爱人阶段才能做的事提前到恋人阶段来做。

一见钟情是可能的，但一见成婚则是不可取的。当下，有些青年热衷于"闪婚",其实也为"闪离"埋下了隐患,因为这违背了婚恋的规律。令人不安的是,"闪婚"与"闪离"日益成为一种世界性现象,而且婚姻存续时间越来越短,有的几个月,有的几周,有的几天,有的几个小时,而科威特一对青年男女从结婚到离婚甚至只用了三分钟,还没走出婚姻登记大门就又办了离婚手续。结婚与离婚是法律保障的公民的基本权利,"闪婚"与"闪离"本无可厚非,但结婚与离婚毕竟是人生大事,特别是离婚对当事人乃至当事人家庭都会产生较大的消极影响。这提醒人们,很多事情要讲速度,但谈恋爱则不一定。

恋爱的目的是婚姻,而婚姻既是高尚的,要以圣洁的爱情为基础,又是实在的,要以一定的条件为依托。

(二)谈恋爱,很大程度上是谈条件

婚姻的直接体现形式是家庭,而家庭作为社会的细胞,除了精神慰藉功能外,还有人口生产、经济互助等多种功能。因此,谈恋爱过程中谈条件,并不是什么庸俗丢人的事情。

现在很多大龄青年在婚恋问题上的失败,包括仍然单身的和结婚后又离异的,不是因为不讲条件,而是因为条件不适当。条件通常包括内在条件、外在条件和家庭条件。内在条件包括人品、性格、志趣等,外在条件包括相貌、身高、年龄、

学历、工作、收入、住房等，家庭条件包括父母职业背景、经济状况等。很多幸福婚姻的实践表明，摆正这些条件的先后顺序和重要程度是十分重要的，要把内在条件摆在首要位置，其次是外在条件，最后是家庭条件。而外在条件、家庭条件很容易了解清楚，所以谈恋爱主要是围绕内在条件来谈。可以说，谈恋爱的过程，主要是了解人品是否端正、性格是否互补、志趣是否相投等的过程。

2015年6月25日，我国著名田径运动员刘翔在自己的微博中公布了这样一条消息："我与葛天2014年5月恋爱，同年9月结婚，婚后因性格不合，于今天结束这段婚姻，希望今后各自都有更美好的人生，祝愿彼此。"显然刘翔与葛天这段"闪婚"的破裂，不是因为外在条件、家庭条件，而是因为内在条件，即"性格不合"，其实这也是许多婚姻解体的原因。

（三）婚前多看缺点，婚后多看优点

经常听到面临婚姻破裂的人们这样说："早知道你是这样的人，当初就不应当跟你好。"何以至此？多半是婚前总看优点、婚后总看缺点造成的。那么又是什么原因使恋人往往对对方的缺点视而不见呢？情令智昏。谈恋爱需要激情，但也需要理智；需要了解对方的优点，也需要了解对方的缺点，这样才能避免"因不了解而结婚，因太了解而离婚"。

在一定意义上说，谈恋爱时了解对方的缺点比了解对方的优点更难，也更重要。因为热恋中的男女总是愿意展示自己的优点，而有意无意地掩饰自己的缺点。因此，恋人之间要有足够的细心、耐心发现对方的缺点，并认真评估是否可以容忍。谈恋爱，与其说是喜欢对方什么优点，毋宁说是可以容忍对方什么缺点。

当发现对方的缺点自己无法忍受时，就要选择恰当方式及早和平分手，另一方对这种所谓"被甩"则要正确对待，认清这实际上对双方都有好处，避免了婚后再分手给彼此带来更大痛苦。尤其不可亲人不成成仇人，采取极端报复手段，那样只能害人害己。2013 年 8 月 15 日，广州《羊城晚报》报道了这样一则故事。一对曾经如胶似漆的恋人，因为女方发现男方有暴力倾向，而这个缺点是自己无法容忍的，便决定与男方终止恋爱关系，而男方却采取暴力手段报复，将女方连捅八刀，使之身受重伤，自己也进了监狱。

二、正确处理夫妻关系

谁是你生命中最重要的人？据说这是美国一所大学的教授给班里学生提的问题。一位女生走上讲台，按教授的要求，在黑板上写下了 20 个与自己关系最密切的人的名字，有她的邻居、同学和亲人。接着她按教授的要求，依次划掉了自己认为最不重要的人的名字，包括她的邻居、同学和其他亲属，最后只剩下了四个人，即父亲、母亲、丈夫和孩子。教授让她再从这些人中划掉三个人。女生迟疑着，颤抖着，划掉了父母和孩子，只留下了自己的丈夫。她对此解释说："随着时间的推移，父母会先离我而去，孩子长大后也会离我而去，组成自己的家庭，真正陪伴我度过一生的只有丈夫。"

这个故事未必是真的，但揭示了一个真理：夫妻关系是整个家庭关系的核心，其他家庭关系都是由此衍生而来的。从特点上看，夫妻关系"最陌生"却又"最亲密"：彼此之间没有血缘关系，大多是由陌生相遇而逐渐走到一起，并陪伴一生；夫妻关系"最圣洁"却又"最平淡"：两个人因为爱情而迈进神圣的婚姻殿堂，但同时又不得不走进柴米油盐和家长里短的琐碎生活中。夫妻关系的特点同时蕴含着处理的难点：情感保鲜难，如何消除审美疲劳，保持感情的历久弥新，这是门学问；情感平衡难，在夫妻关系与其他家庭关系发生矛盾和冲突时，夫妻之间如何协调，如何抉择，这是门艺术。那么，如何处理好夫妻关系呢？

（一）旧的恋人不要见，新的恋人不要添

在一夫一妻制社会中，婚姻是具有排他性的。这决定了对婚姻杀伤力最大的，莫过于存在于婚姻之外的不当情感。从现实看，这种不当情感，主要来源于两个方面：一个是"旧情复燃"。有的由于夫妻感情搁浅，觉得新不如旧；有的前情未了，婚后藕断丝连。另一个是"另觅新欢"。有的因为审美疲劳，找不到原来的感觉了；有的因为爱情疲劳，爱情演变为亲情，爱早已成为往事。处理好婚外感情，最好的办法是，与前恋人断绝来往，一不见面，二不联络，不给自己留"后门"，不给对方留机会。同时，主动经营好、调节好夫妻生活，增强夫妻的粘连度，贴好爱情的"保鲜膜"，在亲情中升华爱情。

（二）要相敬如宾，把家人当成嘉宾处

结婚，意味着夫妻之间由原来的恋人变成了爱人，由过去的客人变成了家人。在处理双方关系的方式上随之发生了变化，先前当成客人，说话办事都在乎对方的感受，现在变成家人了，认为一切都是理所当然，说话做事由放松而放纵。由是，开始说寒心话，带刺的语言出来了；开始说两家话，你家的事、我家的事分开了；开始说狠话，以离婚相威胁的话也甩出来了。双方开始留恋恋爱时的美好状态和时光。须知，恋爱时双方之所以和谐融洽，是因为相敬如宾；婚后要维持发展这种状态，同样需要相敬如宾。换言之，把家人当成嘉宾处，就没有处不好的夫妻关系。当然，我们所讲的相敬如宾，就是要做到人格上的尊重敬仰，始终从内心深处把对方作为平等的主体来对待；要做到情感上的相依相偎，始终把对方作为人生旅程中的心灵港湾；要做到生活上的包容体贴，始终把对方的冷暖记挂心头。

实际上，夫妻双方也有个"不忘初心、牢记承诺"的问题。在婚礼上，夫妻双方当着亲朋好友的面，都曾郑重做出这样的承诺：无论对方将来富有还是贫穷、健康还是疾病，都永远和他（她）在一起。所以，夫妻双方要经常重温自己的承诺，不忘自己的承诺，践行自己的承诺。如此，夫妻关系焉有不和谐之理？

（三）维系婚姻靠的是感情，而不是道理

在现实生活中，夫妻之间经常为家里的一些琐事，非要分出个

是非高低、你短我长。这实质上反映了如何把握婚姻生活的运行法则问题。我们知道，政党中要讲主义，单位里要讲道理，而夫妻间要讲感情。质言之，家里是讲感情的地方，而不是讲道理的地方。为什么？一是讲不清，清官难断家务事，很多事情本身并无是和非；二是不能讲，非要把一个事情说清楚，就是让另一方低头认输，这是很伤感情的事情；三是讲清了也没用，对方并不认账。

杨绛与钱钟书是模范夫妻，但在年轻时也曾为情与理的矛盾所困惑。杨绛在《我们仨》中就说过这样一件小事：我和钟书在出国的轮船上曾吵过一架，原因只为一个法语的发音。我说他的口音带乡音，他不服，说了许多伤感情的话。我也尽力伤他。然后我请同船一位能说英语的法国人公断，她说我对，他错。我虽然赢了，但却觉得无趣，很不开心。杨绛为什么不开心？吵架赢了，却输了感情，而感情正是婚姻的基石。因此，当夫妻之间发生争执时，一方面，小事要讲风格，放下身段，"逆来顺受"，这无伤大雅；另一方面，大事要避风头，遇到原则性问题时，要有意识地避免尖锐对抗，原则要讲，但不在一时。总的来讲，小事要防止变成大事，大事要尽量化成小事。

三、正确处理与子女的关系

父母子女是血缘最近的直系亲属。现代父母子女关系中，双方表现出两种截然相反的特性，这也是其矛盾易对立、关系难协调的症结所在：一方面，是父母的无私。为了孩子，父母什么都可以付出，甚至包括生命。这种付出，是最真诚、最彻底、最无私的。另一方面，是子女（当然并不是所有子女）的自私。因为实行计划生育政策，中国现代家庭不少是独生子女，他们集万般宠爱于一身，无形中成为家庭中心。这样的家庭环境，使得他们"自我、自利、自私"的意识和行为自觉不自觉地被催生、强化乃至膨胀。那么，如何正确处理父母与子女的关系呢？

（一）尽职的前提是称职

为人父母是一种天赋责任，也是一种多重责任。其一，作为监护人，要担当起抚养、监管的责任，需要有一定的经济基础和管理经验，还需要付出很多的时间和精力。其二，作为老师，而且是孩子的第一任老师，要担当起传道、授业、解惑的责任，需要一定的文化知识和科学的教育方法。其三，作为朋友，要担当同伴、伙伴的责任，需要"在人格上把小孩当大人，在行事上把自己当小孩"。因而，做好父母需要一定资质，是一门学问，也是法定义务。我国《未成年人保护法》明确规定："父母或者其他监护人应当学习家庭教育知识，正确履行监护职责，抚养教育未成年人。"

我们很多父母，没有经过培训就上岗了，这也是孩子成长过程中出现这样那样问题的重要原因。备受社会关注的药家鑫案结束后，药家鑫的父亲在微博上发文称："在药家鑫的事情上，我负有不可推卸的责任。我平时管教孩子过于严厉，令孩子犯错后害怕面对，不懂处理，最终酿成大祸。"做父母也要学习，做到称职，力争优秀。正所谓：父母好好学习，孩子才能天天向上。

（二）要爱，但不要溺爱

爱子女，是父母的天性。1929 年秋，鲁迅先生中年得子，唯一的儿子周海婴出生。在儿子周岁时，鲁迅先生约了几位亲朋好友，在家里搞了个周岁宴。不料有人在报上发表文章，指名道姓批评鲁迅先生的做法不妥。鲁迅先生写了《答客诮》一诗予以回应："无情未必真豪杰，怜子如何不丈夫？知否兴风狂啸者，回眸时看小於菟。"意思是：对子女没有感情的人不一定是真正的豪杰，怜爱孩子怎见得就不是大丈夫呢？知不知道在山林里兴风狂啸的老虎，还时不时回过头来看顾小老虎呢。

凡事皆有度。目前，中国家长对孩子的爱不是不及的问题，而是过度的问题，突出表现为溺爱。溺爱有两种极端表现形式：一种是"包干到底"，什么都不让、不用孩子去做；一种是"撒手放羊"，什么都任凭、由着孩子性子去做。第一种的结果是，过度的保护导致孩子无能。我们身边不乏这样的例子，母亲挺灵巧、女儿却特笨拙，父亲很精明、儿子却显愚钝。第二种的结果是，过分的投入导致孩子无情。有道是，惯子即害子，惯子即杀子。从古至今，从中到外，这样的悲剧不计其数。我们都知道英国勃朗特家族的三姐妹，因为她们都有传世之作，其中夏洛蒂·勃朗特写了《简·爱》，艾米莉·勃朗特写了《呼啸山庄》，安妮·勃朗特写了《艾格尼丝·格雷》。其实，勃朗特家族原本是想全力培养独子，即三姐妹的弟弟勃兰威尔·勃朗特。勃兰威尔很小就表现出艺术和文学才能，成为父母和三姐妹的寄托与希望，对他宠爱有加，有求必应。但让全家始料不及的是，勃兰威尔不求上进，还染上了许多恶习，先是酗酒，后又吸食鸦片，31岁时便早早死去。由此可见，超出爱的限度的溺爱，等于将不会游泳的孩子推进深深的爱河，结果必然是溺水，甚至溺亡。避免此种溺爱后果的原则是，要帮把手也要放手，要能放手但不放任。

（三）安全、健康、品德比学习知识和技能更重要

这些年来，不让孩子输在"起跑线"上，成为越来越多父母的共识。尽管这个提法并不科学，并且这个"起跑线"大有不断前移之势，先是小学，后是幼儿园，现在则到了怀孕甚至孕前阶段。仔细观察，父母关心的所谓"起跑线"，实际上是知识和技能的"起跑线"。不论是胎教，还是幼教，乃至学校教育，父母关心的都是语文、外语、数学、物理、化学、生物等专业知识的学习，音乐、书画、体育等特长技能的提升。毫无疑问，这些知识和技能确实十分重要，但还有没有比这更重要的呢？

先让我们看一个真实的故事。男孩学习成绩优异，并在全国作文大赛中获奖。不幸的是男孩的父亲身患癌症住院，更不幸的是男孩放学后骑自行车去医院看望父亲，准备向父亲报告获奖消息时遭遇车祸身亡，最不幸的是父亲去世后，母亲疯了，在孩子出事的地方同样被车撞死，死时还紧紧抱着孩子的书包。据统计，全世界每年有上百万人死于车祸，自有汽车以来，累计死于车祸的更是高达数千万人，相当于一次世界大战的死亡人数。显然，安全比学习知识和技能更重要，没有了安全，没有了生命，学习掌握的知识再多

也都为零。

那么，排在第二位的是学习知识和技能吗？不是，是健康，包括身体健康和心理健康。疾病缠身，整日躺在病床上，想上学也去不了。心理健康更重要，许多孩子心理脆弱，轻生的每年大有人在。

排在第三位的仍然不是学习知识和技能，而是品德。德与才有四种组合方式，产生了四类人及其评价：有德有才是正品，有德无才是次品，无德无才是废品，无德有才是危险品。这警示我们，一个人品德不好，却学习好、有本事，意味着可以做成更多坏事，对社会的危害更大。所谓"品德好"不仅体现在对自己好、对亲人好，更重要的是对其他需要关心的人也好。总之，为人父母一定要厘清教育孩子的优先次序，切不可只盯着学习知识和技能，而忘记了更重要的安全、健康和品德。

（四）良好习惯是一生用不完的利息，不良习惯是一生还不完的债务

亚里士多德有这样一段名言："我们每一个人都是由自己的一再重复的行为所铸造的。因而优秀不是一种行为，而是一种习惯。"研究众多优秀人才、成功人士的成长史可以发现，亚里士多德的这个观点是对的。的确，要想成为优秀的人，就必须具有良好的习惯。

那么，良好的习惯是何时养成的呢？中国有句话叫"三岁看大"，是说从一个人三岁时的样子，就可以看到他长大以后的样子。这种说法靠谱吗？英国卡比斯教授等人从 1980 年起开展了这样一项

研究，对 1 000 名 3 岁幼童进行面试，然后根据面试结果，将这些幼童分为充满自信、良好适应、沉默寡言、自我约束和坐立不安五种类型。2003年，卡比斯教授等人对已经 26 岁的这 1 000 名青年，再次进行了跟踪面谈，并且对其亲朋好友进行了访谈，得出了一个引起很大轰动的结论：3 岁幼童的性格同长大后的性格基本相同。从而证明了"三岁看大"的说法是有一定科学道理的。其实，更多研究表明，一个人的生活、学习、劳动等主要习惯，同样是在孩童时期养成的。所以，作为父母要特别重视孩子的养成教育，鼓励孩子养成良好习惯，及时纠正不良习惯，为他们的健康成长打下坚实基础。

四、正确处理与父母的关系

孩子与父母的血脉关系和感情关系最天然、最纯粹、最牢固，相对其他关系也最容易相处。但在不同阶段，这种关系也会面临不同的考验。比较突出的有三种情况：选择对象时，跟父母看法不一致；教育孩子时，与父母理念相冲突；父母渐老时，如何化解他们精神孤寂、老而无用的感觉。针对这三大难题，怎么做比较好呢？

> 习惯有良好习惯与不良习惯之分，良好习惯是一生用不完的利息，不良习惯是一生还不完的债务。

（一）父母包办不对，自己包办也欠妥

很多人都读过巴金先生的小说《家》，反映的是辛亥革命初期封建家庭包办婚姻的不幸：主人公觉新与梅表姐相亲相爱，后屈从于一家之主高老太爷之命，与没有感情的瑞珏结婚，演绎了一段婚姻悲剧。100多年后的今天，中国社会发生了翻天覆地的巨大变化，尽管一些婚姻仍离不开媒妁之言，但完全屈从父母之命则已成为历史。

现在的问题是有些青年走到了另一个极端，认为"我的婚姻我做主"，根本不愿考虑父母的意见。父母包办不对，自己包办也欠妥。在婚姻大事上，既是青年人在选择终身伴侣，也是父母在选择半个儿子（女儿），自己有主导权，父母有发言权。由于双方看法不一样，难免出现孩子同意、父母不同意的情况。有句话讲，不被祝福的婚姻是不会幸福的，更何况得不到父母认同的婚姻呢。选择婚姻对象，应当以个人意愿为前提，同样也要充分考虑父母的意见。父母阅人无数，生活经验丰富，而且都是为孩子着想。对于父母提出的非原则性质疑，比如长得不好看、身材不够高时，需要耐心细致地做工作，多创造条件让他们看到自己对象其他方面的优点。对于父母提出的原则性质疑，比如人品、性格缺陷等，必须认真考虑，不能被感情冲昏头脑。在遇到父母极力反对的情况下，做孩子的应该做出必要的妥协，毕竟父母只有一双，对象可以慢慢选择。

（二）自己孩子自己养，父母仅仅是帮忙

现在有一种十分矛盾的现象，有些青年在婚姻上主张"我的婚

姻我做主",有了孩子后却"我的孩子我撒手",完全交给父母去带。研究证实,青年父母自己带孩子,无论是对孩子的健康成长,还是对自己的成熟成长,都是极为重要的,其作用也是其他人无法替代的。如果小两口工作繁忙,父母身体尚好,帮忙带带孩子是可以的,父母愿意帮忙最好,但不宜完全撒手。

当下多数家庭都是"四二一"或"四二二"结构,即四个老人、小两口、一个或两个孩子。这里就有了四个老人帮忙带孩子中的分工问题,显然不宜四个老人都上,这样必然会"打乱仗",小两口也受不了,对孩子的养育也不利。由于女儿与母亲关系容易相处,许多家庭采取了姥姥带孩子的模式,奶奶适度参与的做法,实践证明效果是好的。

不管是哪边父母帮忙带,都要正确处理好两代人在带孩子过程中的矛盾。父母一般都认为,自己吃的盐比小两口吃的饭都多,有把小两口带大的实战经验。这不无道理,但毕竟时代不同了,什么方式更适合现在的孩子,父母不一定都掌握。而且俗话说"隔辈亲",老人对孩子容易惯着、宠着,连老人们自己也说:"有了孙子,自己就成了孙子。"尽管这有点自嘲的味道,但却是不争的事实。

在教育孩子的问题上,首先要尊重和体谅父母,他们年轻时带我们,老了又帮我们带孩子,而且不仅不要钱,还搭钱,实在是不容易、好辛苦。无管紧要的问题,尽可以放心交给父母去处理。同时,又不能完全依着父母,特别是关系孩子习惯养成、学习成长等问题,一定要坚持原则。比如,孩子到了入园年龄,有些老人舍不得,说"幼儿园一个人要管多少孩子,孩子能吃好、睡好吗?在家我们看着多好呀"。特别是孩子刚上幼儿园容易生病，老人心疼了，"我说别送幼儿园，偏不听，去了就生病，还是放家里吧"。对于这类问题，必须坚持正确的意见，该怎么做就怎么做，同时要做好父母的工作，不要激化矛盾。

（三）父母不要求报恩，但子女要懂得感恩

2019 年 6 月 8 日安徽合肥十中考点外，考生王恒杰看到接他的母亲后，突然跪倒在地，高声说："妈，谢谢您，这些年您辛苦了。"母亲见状，双手抱住儿子的头，哭了起来。这一幕感动了现场许多家长，并收获了无数网友点赞，同时引发了对子女感恩父母问题的讨论。

父母之爱之所以伟大，不仅在于无私付出，还在于不图报恩。父母不求报恩，但子女不能不懂得感恩。怎样感恩呢？1995 年，词作家车行的父亲去世后，他后悔、自责只顾忙工作，没有在父亲健在时多陪他聊聊天，为他倒杯茶、洗洗脚。他感到这些并不难做到的事，不仅自己，其他不少人也不曾注意。于是，他决定写一首歌，用自己的切肤之痛警示世人。这就是《常回家看看》。车行的故事告诉我们，对于逐渐步入老年的父母，精神比物质更重要，亲情比良药更有效。这时父母最大的慰藉和满足，就是儿女绕膝，享受天伦之乐。

作为儿女，要做生活中的大人，父母跟前的孩子：既要做到细心，多打打电话、聊聊贴心话；也要学会"粗心"，当父母开始做事丢三落四、说话口齿不清时，要学会忽略。作为儿女，还应该明白

的是，老人怕孤独，还怕自己没用而成为别人的负担。所以，子女对老人既要无限关爱，又要有限"索取"，既要防止啃老，又要防止嫌老，让老人感到老而有用，在适度付出中享受快乐。还应当特别指出的是，父母总是以孩子的快乐为自己的快乐，以孩子的幸福为自己的幸福。因此，孩子对父母最好的孝顺就是把自己的日子过好，尽量不要让父母操心，更不要让父母担心，或许，这才是对父母最大的关爱。

五、正确处理婆媳关系

婆媳关系是从古至今的世界性难题，堪称家庭第一难事。到底难在哪里？其一，难在先天不足。婆婆与媳妇是两个完全没有血缘关系和感情基础的陌生人。特别是婆婆与媳妇都是女性，她们的优点是心细，缺点是心重，容易鸡蛋里挑骨头。其二，难在感情对立。对婆婆而言，害怕儿子"娶了媳妇忘了娘"；对媳妇而言，害怕丈夫没有剪断与母亲感情依恋的"脐带"。其三，难在分工相似。英国剑桥大学有位心理学家在调查访问了163对婆媳后，得出结论认为：婆媳之间最集中的"火力点"就是育儿和做家务。有经验的婆婆会认为媳妇不会持家，有知识的媳妇会认为婆婆落伍守旧。婆媳关系确实很敏感、很复杂，但并非无解。

（一）婆媳既没必要当成"天敌"，也不一定要刻意成为母女

先入为主把婆媳当成"天敌"看，遇事容易针锋相对，为一点

小事就"开战",导致矛盾升级;或者背地较劲,在儿子/丈夫那里说对方坏话,向身边亲戚朋友传对方闲话,使得矛盾扩大。另一方面,也不要想象婆媳能够处得像母女一样。母女之间什么话都可以说,吵吵闹闹很经常也很正常,最多伤一时和气,不会伤根本感情。而婆媳之间,生一回气,吵一回架,就可能离一回心。处理好婆媳关系,需要双方都正确给对方定位,避免正面冲突,慢慢积累感情,找到一种适合彼此的相处方式。

由于婆婆居于母亲的地位,因而在处理婆媳关系中担负着更重要的职责,发挥着主导作用。2015年热播的一部电视剧叫《俺娘田小草》,其中的婆婆深明大义、通情达理、处事有方,被观众称为"中国好婆婆",并据此总结概括出好婆婆的若干标准,如不摆婆婆架子,在钱上不计较,不对外说儿媳坏话,小两口吵架时护着儿媳,尊重儿媳的生活习惯,不重男轻女等。这很值得参考。

(二)学会"爱屋及乌"

婆媳之间往往争的是儿子/丈夫的爱,觉得给婆婆多了,给媳妇就少了。其实,家庭成员之间的爱不是零和博弈,而是能够产生爱的乘数效应甚至指数效应。比如,有一种家庭现象,婆婆有事没事总爱拉着儿子聊聊天,或者帮忙干点活,把媳妇晾在一边。面对这种情况,不会处的媳妇一般是在丈夫面前抱怨甚至闹,把婆媳矛盾转变为夫妻矛盾。而聪明的媳妇可能会主动找婆婆聊心事,没事拉着婆婆去逛街或锻炼身体。这样既赢得了婆婆的好感和信任,又可以使婆婆不至独占丈夫。因此,要试着把独占的爱变为共享的爱,婆婆因爱儿子而爱媳妇，媳妇因爱丈夫而爱婆婆，通过爱的传递，实现和谐相处。

（三）分开居住，保持走动

有句话讲，80%的时间不在一起，就避免了80%的矛盾。同在一个屋檐下生活，磕磕绊绊很难避免。如果有条件的话，婆媳之间最好分开住。这不是回避问题，有时候距离可以把很多可能产生的问题化解于无形。美国有一部老片名字叫《青山翠谷》，剧中儿子想把自己的小家搬来与父母同住，父亲告诉他："一个家不能有两个女主人，因为我爱她们。"这句话讲出了分开居住的真谛。同时，距离分开了感情不能分开，儿媳平常要多打打电话，节日、假日、生日经常走动，让婆婆感觉到始终是一家人。

（四）儿子／丈夫既要能受夹板气，又要能当双面胶

2019年5月初，一条爆炸性新闻上了网上热搜："痛心，漳州石春梅母子三人投河自尽，婆媳关系成为压倒她的最后稻草。"从石春梅留下的遗书中得知，28岁的石春梅之所以带着6岁和3岁的两个孩子走上绝路，主要是因为与公婆，特别是婆婆关系紧张，婆婆常常跟外人编造她的闲话、坏话，使她面临巨大压力，而丈夫虽然爱她却不善协调，最终酿成惨剧。这说明，正确处理婆媳关系，绝不仅仅是婆媳双方的事，儿子／丈夫在其中扮演着至关重要的角色。

许多事例佐证，儿子／丈夫的态度做法不同，对婆媳关系影响

很大：有的是两边传话，越传矛盾越多；有的是两边打压，结果母子、夫妻、婆媳关系都紧张；但也有的是主动吸引火力，结果皆大欢喜。有部热播的电视剧《媳妇的美好时代》，剧中男主人公嘴笨，说不过老婆也说不过老妈，总是受夹板气。他不但不觉得苦闷，反而热衷于整天周旋在老婆、老妈之间，什么事都奉行能忍则忍、只要大家高兴的原则。特别是有时为了"灭火"，在老妈面前帮着数落老婆，在老婆那里一起埋怨老妈。这样看起来似乎很窝囊，其实体现了生活的大智慧。家庭矛盾再大，也大不过保持家庭和谐。男人受点委屈，说点善意的"假话"，是非常必要、非常有效的。

六、正确处理与亲戚的关系

亲戚关系是家庭关系的延伸。亲戚之间如果只是纯粹的感情联系，相对比较容易处理；如果涉及现实的利益问题，处理起来就会增加难度。京剧《红灯记》里有句话："我家的表叔数不清，没有大事不登门。"亲戚关系最容易出问题的就是办事，可能欠下人情账、经济账，甚至亲戚变仇人。处理好亲戚关系，关键在于解决好"求亲戚办事"和"帮亲戚办事"两个方面的问题。

（一）求亲戚办事，亲人也要亲近

谁都会遇到难事，都有需要别人帮忙的时候。亲戚是一种最容易想到、最经常用到的人脉资源。特别是很多刚参加工作的年轻人：买房子交首付，求亲戚借钱；老家有急事，求亲戚关照……

要想在开口求亲戚办事时不犯难，就要在平时注重培养亲戚间的感情。不要很长时间不联系，一开口就是让人帮忙办事，把亲戚帮忙看成理所当然。亲人之间的关系也需要经营和维护，不能怀着功利心，而要富有人情味，经常保持走动或联系，遇到困难顺理成章就会有援手。

（二）帮亲戚办事，要办也要慎办

有句话讲，穷在闹市无人问，富在深山有远亲。机关干部特别是领导干部，掌握一定的权力和资源，自然会有很多亲戚因为各种原因找上门来，求你办事。这是每个机关干部或多或少要面对的"难题"。亲戚求上门来，往往都是有难事，如果一概推诿，会给人无情无义的感觉，影响亲戚间的关系；但有求必应也不行，有的干部家里成了老家来人的"驻京办"，订宾馆、买车票、陪吃陪玩，确实吃不消。而且很多事实表明，办了一堆好事，只要有一件没办，最后落下的都是埋怨。正如中国一句老话讲的："升米恩，斗米仇。"

帮亲戚办事，必须讲究原则和艺术，知道哪些该帮、帮到什么程度，哪些坚决不能帮。毛泽东在这方面给我们树立了典范。新中国成立后，毛泽东很多亲戚、朋友提出要来京看望和叙旧，他大多答应他们的要求，腾出时间与他们见面，并拿出自己的收入接济他们。但遇到不合理不合法的情况，也是坚决不帮。在中共中央刚刚进驻北平时，毛泽东收到杨开慧哥哥杨开智的来信，希望通过毛泽东推荐，在北平（北京）找一份理想的工作。毛泽东回信说："希望你在湘听候中共湖南省委分配合乎你能力的工作，不要有任何奢望，不要来京。湖南省委派你什么工作就做什么工作，一切按正常规矩办理，不要使政府为难。"我们在遇到亲戚要求办事的时候，要多雪中送炭，不要锦上添花；要合情合理，更要合法，在遇到照顾亲戚与党纪国法相冲突的时候，坚决不能帮。

如果说鼓掌算得上
是一门学问的话
可称之为鼓掌学

谈谈鼓掌

鼓掌看似平常，两手一拍，人人都会，处处可见，但仔细琢磨却十分深奥、大有门道。如果说鼓掌算得上是一门学问的话，可称之为鼓掌学。现从鼓掌的起源、功能、类型、艺术等几个方面，对鼓掌这门学问进行探究。

一、鼓掌的起源

鼓掌何时产生、因何而起，又是如何广为流传的？2015年播出的一部叫《大舜》的电视剧，讲述了尧、舜、禹艰辛治水、造福人民的故事。其中有这样一个情节：在一次会议上，作为华夏部落联盟首领的尧，反对有人对东夷、三苗两个部落联盟用兵的主张，其他与会者纷纷用鼓掌的方式表示赞同。这时响起了这样一段旁白："从那时起，鼓掌就成为中国人表示赞同的动作符号，击掌通过的方式传达着中国文化的统一样式，一直沿用至今。"按照这个说法，鼓掌无疑起源于中国。其实，这只是一家之言，至今尚无公认的权威答案。目前，流传较广的有四种说法。

第一种说法：源于古罗马战前动员。据说古罗马的军队有一个习惯，每次作战之前，当首领发起号召后，士兵们会用大声呐喊来响应。然而有一次，罗马军队在和另一个部落交战时发现，对方首领发出号召后，士兵们大力敲击手中的武器，发出震耳欲聋的声响，以此进行呼应，这不仅比用嗓子喊要容易，而且气势更大。从那场战斗以后，古罗马军队学会了这种做法，并发展为作战前士兵拍击双手以提振斗志和士气，后来经过历史的演变，古罗马战前动员逐渐发展成为现在的鼓掌。

第二种说法：源于古罗马剧场。据说也是在古罗马时期，人们有到剧场看戏剧的习惯和爱好，当时的剧作家在剧本结尾处总要写上具有拍打意思的单词，提醒人们别忘了拍手或者击打物体发出声音，以示感谢。每次剧场里正式演出结束时，主角会向场内观众喊一声："再见，鼓掌吧！"剧场也会事先安排一些人坐在前排，率先拍手，观众便会效仿，跟着有节奏地拍手。后来拍手渐渐演变成剧场里的一个礼仪，演员上场以及退场时观众都会热烈鼓掌。

第三种说法：与元代马可波罗有关。据说在元朝时期，意大利的马可波罗来到中国，当他见到中国老百姓时十分激动，用西方传统方式拥抱和接吻来表达问候和崇敬，而当时中国人经常使用的礼仪则是作揖和跪拜，看到马可波罗这种与众不同的做法，中国老百姓都慌了手脚，有人急中生智将两个手掌对拍起来，以此拒绝马可波罗。马可波罗以为这是中国习俗，立刻也跟着鼓起掌来，最后双方化误解为友谊。有了这个良好开端，马可波罗和中国老百姓建立了深厚的友情，成为中国和西方交流的使者，后来马可波罗将鼓掌带回西方，使鼓掌广为传播，成为至今全世界都通用的见面礼节。

第四种说法：源于古代中国。电视剧《大舜》中的说法，同前面三种说法一样，都缺乏可靠的文字记载，仅是推测或传说。在中国，关于鼓掌真正见诸文字是在先秦以后。先秦法家韩非的《韩非子·功名》中说："人主之患在莫之应，故曰，一手独拍，虽疾无声。"言下之意，两手相拍，才会有声音，据此有人认为先秦时期已经有了拍手鼓掌一说。此外，西晋陈寿《三国志·鲁肃传》中曾提到孙权"抚掌欢笑"。明代罗贯中在《三国演义》中提道："操鼓掌大笑曰：'此等碌碌小人，何足挂齿。'"明代末年凌濛初的《二刻拍案惊奇》记载，"又见恶姑奸夫俱死，又无不拍手称快"。但我国所有这些记载，都没有明确指出鼓掌是国人的一种礼仪。并且有人考证认为，国人在剧场看戏时如果鼓掌，会被认为是捣乱和起哄，直到民国时随着西洋剧种传入，鼓掌才渐渐流行开来。20世纪二三十年代，田汉带领"南国社"巡回公演以及上海的赵丹、金山等演出话剧《大雷雨》《娜拉》《罗密欧与朱丽叶》时，观众看到激动处模仿西方人观看戏剧的礼仪和习惯，情不自禁地拍起手来。由此观之，我国虽有鼓掌现象，但并无鼓掌礼仪，从国外传入、逐渐流行的说法更靠谱些。

鼓掌的本质是人们进行交流沟通、表达思想情感的肢体语言。

二、鼓掌的功能

鼓掌的本质和作用是什么呢？我们知道，人的思想、情感是通过语言表达的，而语言有三种，即口头语言、书面语言和肢体语言。鼓掌属于肢体语言，其功能可分为两类：一类是正面的，这是鼓掌的主要功能；另一类则是负面的，在特殊情况下起到否定、反对的作用。具体可细分为以下六种：

一是鼓励。主要是通过鼓掌给人提升信心、增添动力，起到打气、助威的效果。比如，演员第一次登台演出时心情异常紧张，这时场下一片雷鸣般的掌声，演员顿时信心百倍，表演超水平发挥，这种鼓掌就起到了鼓励的作用。再比如，体育比赛中，运动员在场上奋勇拼搏、一决胜负，场下的啦啦队则鼓掌加油，激发运动员斗志。2014年3月，习近平访欧期间专门到柏林看望在德国训练的中国少年足球运动员，观看他们与沃尔夫斯堡足球俱乐部少年队员进行的友谊比赛。中国小球员们积极跑动、激烈攻防，每进一球，习近平都会鼓掌为队员们加油，即使没有进球，只要有出色表现，习近平也会带头鼓掌赞许。这种掌声就含有鼓励、鞭策、期望的意味，激励小队员顽强拼搏。有时，掌声不仅仅给予胜利者，对失败者也给予掌声，更能起到安慰、激励的作用。1959年，苏联大马戏团来中国首演，邀请毛泽东观看，其中有一个节目"横板滚球"，由于演员过分紧张，几次尝试都无法成功，毛泽东不仅毫不埋怨，还面带微笑、带头鼓掌，肯定和鼓励演员付出的努力，为观众和演员留下深刻印象。

二是赞同。主要是通过鼓掌对某件事或者某个观点表示同意，起到理解、支持、认可的效果。在一些会议中，对一些报告、议案、决定进行表决时，主持人经常会提示与会代表："如果大家没有不同意见，让我们鼓掌通过。"这时如果鼓掌，就表示同意。据当年参加第一届全国人大会议的胡兆森回忆，新中国第一部宪法就是在最热烈的掌声中诞生的。1954年9月15日开幕当天，人大代表们听取刘少奇代表宪法起草委员会作的关于《中华人民共和国宪法（草案）》的报告，在长达3个多小时的报告中，代表们不断热烈鼓掌。9月20日，全体会上宣读修正过的宪法草案全文后，全体代表以无记名投票的方式进行了表决。当《中华人民共和国宪法》得到通过时，会场上每个人都非常激动，兴奋不已，掌声和欢呼声经久不息，甚至在回驻地的车上，大家仍难以抑制兴奋的心情，一路欢呼，拍红了巴掌，喊哑了嗓子。这里的掌声，就是代表们对宪法发自内心的赞同和拥护。

三是欣赏。主要是通过鼓掌表达喜爱之心和赞美之情，起到表扬、祝贺、赞赏的效果。比如，人们到剧院看戏，演员在台上一亮相、一开口，台下便掌声雷动、喝彩叫好，行话叫"碰头彩""碰头好"，就有捧场的意思。当演出结束演员谢幕时，观众掌声四起，以鼓掌对精彩演出表示欣赏和感谢。1949年4月，北平戏剧界为欢迎毛泽东及中央机关迁到北平，在长安大戏院举办两场京剧晚会。第一晚大轴戏是梅兰芳与刘连荣合演的《霸王别姬》，毛泽东应邀前去观看。当晚，梅兰芳一亮相，观众便热烈鼓掌，两位名角珠联璧合，演出十分精彩。快结束时，警卫人员怕散场后人多不好走，便请毛泽东提前退场，遭到拒绝，他说，"提前走不好，那样做不礼貌"。直至把戏看完，和大家一起起立鼓掌后，才离开剧场，这体现了毛泽东对精彩表演的欣赏和对艺术家劳动的尊重。在美国一个只有600人的叫作奥罗拉的小镇，有一位与众不同的老师，他的第一堂课就是教学生们鼓掌。如果有人在课堂上有精彩表现，不论是写了一篇好文章，还是画了一幅漂亮的画，同学们都要一起为他鼓掌。通过鼓掌，学生们学会发自内心地欣赏和赞美他人，培养了开放乐观的性格，营造了团结向上的良好氛围。

　　四是欢迎。主要是在一些场合通过鼓掌以示欢迎，具有一定的礼仪性和程序性。鼓掌的这一功能历史悠久。有人考证，在罗马帝国，政治人物衡量他们在民众心中地位的主要方式之一，是看自己走进竞技场时民众鼓掌的热烈程度。美国威斯康星大学从事历史和人文研究的格雷格·阿尔德雷特教授在《古罗马手势与喝彩》一书说，"你几乎可以把鼓掌看作古代民意测验。这是你评判人民态度、调查人民情感倾向的方式"。在现代社会，鼓掌也经常用于表达欢迎的意思。比如，领导人到各地考察调研、视察民情，当地群众鼓掌欢迎领导人到来。1992年，88岁高龄的邓小平到南方视察，所到之处都受到群众自发的热烈欢迎。特别是在深圳，当邓小平来到国贸大厦这一改革开放"深圳速度"的象征时，深圳的老百姓人山人海，掌声雷动，大家尽情地鼓掌，欢迎邓小平来到深圳这一改革开放的前沿，亲眼看看他当初设计的蓝图如何变成了美好的现实。

五是敬意。主要是通过鼓掌表达内心感动、尊重和景仰的心情。比如，1968年墨西哥奥运会马拉松比赛中，坦桑尼亚运动员艾哈瓦里途中摔倒受伤，但他坚持跑过终点，而其他选手在两个多小时前就已经结束了比赛。当他缠着渗着斑斑血迹的绷带顽强地跑过终点线时，观众全体起立，响起雷鸣般的掌声，所有的人都用掌声向这位运动员表达真诚的敬意。有人问他为什么不放弃，他回答道："我的祖国从两万多公里外派我来，不是让我听发令枪的，他们是要我来冲过终点的。"他的话再次感动了所有人，赢得了人们尊重和热烈的掌声。

六是反对。主要是通过鼓掌表示不赞同，具有否定的效果，在某些特定场合还会伴有嘘声、口哨、跺脚等，也叫"鼓倒掌""叫倒好""喝倒彩"。比如，在观看演出和体育比赛时，如果演员表演不精彩或者运动员出现不应有的失误时，会有观众"鼓倒掌"以表达不满。报告会上，如果报告内容冗长枯燥，令人昏昏欲睡，听众时常会通过鼓掌督促主讲人尽快结束。

有人认为鼓掌还有一种功能，就是健身。中医认为手上有六条经络，每一次鼓掌都会刺激穴位，疏通经络，促进气血运行。近年来，许多人特别是老年人把拍巴掌作为健身养生的方式之一，还形象地称之为"拍手功"。公园里、小区广场上经常看到很多老人使劲拍、不停拍、边走边拍，直把手拍红、拍热、拍疼，就是为了强身健体。

三、鼓掌的类型

鼓掌的类型有哪些呢？根据鼓掌出现的形式来区分，主要有五种类型。

第一种，要求型。主要体现为，主持人要求与会者以热烈的掌声欢迎某某讲话、表演，或在结束后要求与会者用热烈的掌声向某某表示感谢。比如，在听报告、看晚会时，我们只要一听到"掌声有请""让我们以热烈的掌声……""让我们再一次以热烈的掌声……"，都会本能地意识到：鼓掌的时刻到了。在文艺演出过程中，一些煽情的表演者还会向观众要求："朋友们给点掌声好不好啊？""掌声在哪里？"这些都属于向观众要掌声。甚至有时这种要求还会白纸黑字地成为规定，曾有人爆料说，某地在举行大型文艺演出时，组委会办公室专门下发了一份关于会场纪律的文件，要求各单位观众始终保持旺盛热情，每个节目演员上下场时要热烈鼓掌。

第二种，暗示型。主要体现为，讲话者讲到某个节点时有意提高声调、加重语气，并略作停顿、望向台下，就是暗示与会者：此处应有掌声。听众热烈的掌声过后，讲话者才接着讲下去。再比如，表演者演到某个要紧处而越发卖力、劲唱不止，听众们也会意这是讨要掌声了。当然，听众接到暗示后是不是给掌声，有时还要取决于对讲话人是否认可，或对讲话内容是否认同。

第三种，带动型。主要体现为，讲话者讲到某处、表演者表演到某处时，台下有人带头鼓掌，从而带动其他听众鼓掌。这类鼓掌的动力来自跟风，也就是"从众效应"。瑞典乌普萨拉大学的科学家曾对此种现象进行研究，结果显示带动型鼓掌的热烈程度并不取决于演讲或表演水平，而是来自周围他人的压力。即使演出很一般、讲话很糟糕，但只要周围有人开始鼓掌欢呼，人群便会跟随，而一两个人停止鼓掌，则又会导致大家都停下来。比如，文艺演出时，有时组织者会事先安排"掌托"，在一些重要节点不动声色带头鼓掌，带动全场观众一起鼓掌，烘托现场氛围，掀起节目高潮。由于带动型鼓掌多出于盲从，属于被动型的，因此很多时候并不真诚。比如，罗马尼亚前总统齐奥塞斯库每次群众集会时发表演讲，人们都会站起来鼓掌几十次，但东欧剧变之时，一次他在集会上发表演讲，几天前还为他热烈鼓掌的群众却喊出了"打倒齐奥塞斯库""齐奥塞斯库滚下台"的口号。他本人于第二天的政变中被捕，不久后被枪毙。这说明之前群众的掌声并不全是发自内心的，没有真正拥护他。

第四种，礼节型。主要体现为，在讲话者或表演者开始，特别是结束讲话或表演时，听众或观众出于礼貌鼓掌，表示尊重、欢迎、欢送和感谢。礼节型的鼓掌看似简单，但有时在一些特殊场合，面对特殊对象，能否依然予以掌声，体现了一个人的修养。

第五种，自发型。主要体现为，讲话者或表演者讲到某处或表演到某处时，听众或观众认为"与我心有戚戚焉"，发自内心地鼓掌。比如，讲话讲到了听众的心坎儿里，演艺演到了精彩之处，在场人员便会情不自禁地鼓掌。1956 年，中国共产党第八次全国代表大会在全国政协礼堂召开，毛泽东宣布八大开幕并致开幕词，开幕词总共不到 3 000 字，场下代表们的鼓掌就有 30 多次，其中长时间的鼓掌有 6 次，整个会场充满了热烈的气氛，这些掌声充分体现了代表们对中国共产党带领全国人民在新民主主义革命胜利基础上，又取得了社会主义改造基本完成、成功建立社会主义制度等一系列胜利，开始全面建设社会主义的激动心情。

四、鼓掌的艺术

鼓掌有没有讲究呢？歌曲《掌声响起来》曾红遍大江南北："孤独站在这舞台，听到掌声响起来，我的心中有无限感慨，多少青春不再，多少情怀已更改，我还拥有你的爱。好像初次的舞台，听到第一声喝彩，我的眼泪忍不住掉下来，经过多少失败，经过多少等待，告诉自己要忍耐。掌声响起来，我心更明白，你的爱将与我同在。掌声响起来，我心更明白，歌声交汇你我的爱。"从这首歌可以看出来，掌声响起来是有讲究的，甚至是有艺术的，这才能体现其应有的功能作用。

在现代社会，鼓掌虽然没有放之四海而皆准的统一模式，但无论在哪种社会制度和文化体系中，鼓掌都应该把握分寸、恰到好处，做到适地、适时、适度、适当。

适地，就是要注重场合。鼓掌经常出现在特定场合，不同场合对于鼓掌的要求也不尽相同，有的特殊场合甚至还有特殊要求。比如，在正式场合，鼓掌通常要讲究规范和仪态，应姿态端正，两手举于胸前，以适当频率拍手，同时最好报以微笑。掌声一般要响亮持续，增加会场内的热烈气氛。在非正式场合，可以适当放松和随意，鼓掌方式、时间可因情而定，比较自由。此外，有一些场合是万万不可鼓掌的，如追悼会等。道理非常简单，鼓掌的主要作用在于欢迎、拥护、赞许、认同。如果在这些场合鼓掌，显然是不合适的。

适时，就是要注重时机。在正确的时候鼓掌，才能够准确地表达自己的感受，反之则容易引起误解，出现错误。因此，该洗耳恭听的时候，就要"此时无声胜有声"，该起劲鼓掌的时候，就要"该出手时就出手"。以时间节点分，可在以下三个阶段鼓掌：

一是开始前鼓掌。讲话人讲话之前、表演者表演之前、运动员比赛之前进行鼓掌，起到欢迎、支持、暖场的效果。比如，国际赛场上，当裁判员和运动员入场时，通常伴有轻快的音乐，为了表示对裁判员和运动员的欢迎和尊重，观众应该跟着音乐的节奏鼓掌。游泳比赛开始前，赛场的广播会向观众依次介绍各条泳道的运动员，当运

在现代社会，鼓掌虽然没有放之四海而皆准的统一模式，但无论在哪种社会制度和文化体系中，鼓掌都应该把握分寸，恰到好处，做到适地、适时、适度、适当。

动员听到自己名字后会向场内观众举手示意，无论运动员来自哪个国家，这时观众都应该用掌声给予欢迎。

二是过程中鼓掌。活动过程中鼓掌的时机最难把握，需要对相关的礼仪、文化、要求有所了解。比如，为演员精彩的表演鼓掌和叫好，是京剧传统的一部分。看京剧只要看到精彩处，观众就可以用鼓掌、叫好来表达对演员表演的肯定，而不必拘泥于时间。在观看流行音乐或摇滚音乐演唱会时，在歌手唱到高潮之处，观众通过鼓掌甚至呐喊来给予支持。但也要注意，欣赏歌剧、交响乐时，一般是表演开始前指挥家向观众致意时以及曲目结束之后才鼓掌，绝对不能在演出中途鼓掌，倘若有人中途听得兴起，突然拍起手来，就会打扰演出，极不礼貌。还有，在体育比赛中，运动员在表演高难度动作等关键时刻，赛场内应该保持安静，避免干扰影响运动员的注意力。

三是结束后鼓掌。在听完报告、演讲以及欣赏完表演后，出于礼貌都应该鼓掌表示感谢。特别是观看演出时，如果表演者已经谢幕，观众还希望表演者"再来一个"的话，可以延长掌声。这时表演者可能会被掌声再度"邀请"上台，加演一个节目。

适度，就是要注重节奏。鼓掌有快速的、有缓慢的，有短促的、有持续的，有猛烈的、有轻微的，有整齐划一的、有杂乱无章的，有只做一下动作仅表示意思的、有经久不息持续不断的，不同类型的掌声代表的含义也不同。比如，表示喜悦时，可使掌声热烈；表达祝贺时，可使掌声时间持续；军训拉歌时，可以整齐划一，产生激将对方的效果；表达抗议时，可以拍节缓慢、间隔拖长。同时，由于东西方文化的差异，鼓掌在细节上也有不同。中国人鼓掌，往往是用时间的长度来表达对演出者的赞赏、肯定的程度，而西方人是用鼓掌的次数表达对演出的肯定，所以当我们听交响乐等西方音乐的时候，结束时要用掌声的次数表达我们的敬意，在听中国传统音乐会的时候，要用掌声的时长来表达自己的敬意。

适当，就是要注重动作。从动作上来看，鼓掌有双手合十的，也有平行合二为一的，有手指相互轻碰的，也有用手指拍打另一手心的，等等。一般来讲，鼓掌的标准动作是两臂自然抬起，手掌放在齐胸高的位置，用右手手掌轻拍左手中部。有时也需要根据情况有所变化。比如，举臂过顶，表示强烈的欢迎、激动的心情，有时还伴随着兴奋的欢呼；正襟危坐，鼓掌的声音响亮但有节制，表示威严庄重；面带微笑，轻拍手掌，表示对别人的祝贺；等等。据说古罗马人就很讲究鼓掌的手形和方式，手形可以是拱形，也可是扁形，交换两种形状可以变化声音和音量，代表着不同的场合和心情。还有一种情况需要注意，就是面对聋哑人等特殊群体时，由于他们听不见声音，因此鼓掌的动作和面部表情更为重要。通常有两种方式：一是举手鼓掌，双手从胸前逐渐举过头顶，一边上升一边晃动双手；二是拍手鼓掌，根据当时情况，幅度可大可小，可以出声也可以不出声。

未来的人们会怎么鼓掌？结合现有的鼓掌方式，目前推测将来鼓掌可能会出现相互击掌、手脚并用、借助工具等方式。特别是借助工具很可能成为今后鼓掌的一个重要发展趋势。当人们需要鼓掌时，可以使用手中的道具代替双手，通过晃动或击打发出声音，起到鼓掌的效果。当然，随着时代发展和科技进步，鼓掌还会继续发展演变，新的鼓掌方式也将不断出现，需要我们立足新的形势、新的发展，进一步加强研究和总结，不断深化对鼓掌这门学问的理解和认识。

团结是人类
解决力量不足
问题的
必然选择

谈谈团结

我们都知道，"团结"作为名词是和睦、友好的意思，作为动词是联合的意思，如"团结一切可以团结的力量"。但鲜为人知的是，"团结"一词古时是军事组织的称谓。据《资治通鉴》载，唐代大历十二年（777年），"定诸州兵，皆有常数，其召募给家粮、春冬衣者，谓之'官健'；差点土人，春夏归农、秋冬追集、给身粮酱菜者，谓之'团结'"。这是唐代初期兵农合一的府兵制军事制度。所谓"官健"，就是由官府负责吃穿，犹如官府所养健儿。而"团结"则是世代居住在本地的土人，春夏时在家务农，秋冬闲时招募到军队中，发给军粮，类似于后世的民兵。由此可见，"团结"一词最早指临时招募而来的民兵组织，后引申为集结、联合，再引申为同一组织之内的和睦、友好。

我们又知道，所谓统一战线，就是不同的社会力量为实现共同目标而结成的联盟，其主题是大团结大联合，其工作就是团结工作。显然，这里的"统一战线"与"团结"虽然是两个词，但意义是一致的。因此，"团结"与"统一战线"这两个词的联系是极为密切的，有时常常互相作为代名词。这也决定了，建立和巩固统一战线的道理与实现和发展团结的道理是相通的。正是在这种意义上可以这么讲，如果说统一战线是一门学问，实际上就是"团结学"，如果说统一战线是一种理论，实际上就是"力量论"。

谈论团结，有几个问题是必须回答的，即：人类为什么要团结？为什么能够实现团结？为什么团结合作中要有领导者？为什么团结中有批评或斗争？

一、团结是人类解决力量不足问题的必然选择

很多人都读过英国作家丹尼尔·笛福的小说《鲁滨逊漂流记》，但未必知道鲁滨逊确有生活原型，他就是亚历山大·塞尔柯克。塞尔柯克 1676 年出生于苏格兰，青年时当过海员。1704年，塞尔柯克时任英国"五港同盟"号领航员，由于担忧船队在同西班牙舰队海战时被击沉，于是在同船长激烈争吵后，留在了荒无人烟的小岛上。塞尔柯克在这个距离智利西海岸 675 公里的小岛上野人般地生活了 4 年之久才被路过的英国船只救起。据说获救后，塞尔柯克同他人语言交流都发生了困难。这也难怪，语

言是人们交流的工具，荒岛上无人交流，语言功能自然退化了。这印证了马克思的一个科学论断："人的本质不是单个人所固有的抽象物，在其现实性上，它是一切社会关系的总和。"

如果说塞尔柯克作为成年人，其故事还不够典型的话，印度狼孩的故事则更能说明社会性是人的本质属性了。1920 年，印度加尔各答辛格夫妇所办的孤儿院，收养了两个女性狼孩，他们给七八岁大的取名卡玛拉，两三岁大的取名阿玛拉。不幸的是，阿玛拉第二年夭折，卡玛拉也于九年后的 1929 年死亡。辛格夫妇根据抚养狼孩的经历，写出了《狼孩和野人》一书，于 1947 年出版和 1966 年再版，曾经轰动一时。书中记述了狼孩刚刚收养时的情况，不会直立而是用四肢行走，不吃素食只吃肉，不会说话只会引颈长嚎。辛格花了很大气力都无法使她们很快适应正常人的生活，卡玛拉直到两年后才学会直立，七年后才学会了 45 个词，死亡时已是十六七岁了，其智力水平仅相当于三四岁的孩子。这个故事进一步说明，人是社会的人，是以群体方式生存和发展的。一旦脱离社会，则人将不人，至于发展进步、实现价值等，更是无从谈起。

人类为什么必须组成社会，以群体的方式生存和发展呢？考察人类社会发展史不难发现，这是由人类生存发展任务繁重且生存发展力量相对不足的矛盾决定的。原始人的生活面临安全与生存两大课题，这两大课题主要是自然界方面的，在生产力水平极其低下的原始社会，作为个体的原始人是无能为力的。就安全方面而言，且不说地震、火山爆发、洪水、火灾等重大自然灾害，就是面对凶狠的狮虎等猛兽，原始人个体也是无法抵御的。再从生存方面来看，原始人的食物来源相对匮乏，而在狩猎过程中，人的气力、奔跑速度等远远逊于一些动物，故而仅靠原始人个体是很难捕获猎物的。

人类生存发展面临的挑战，不仅来自自然界，还来自人类社会本身。而作为个体的人，甚至单个的社会组织，面对这些生存挑战也是力不从心的。原始社会末期，随着生产力水平的提高，人口逐渐增多，由氏族形成胞族、部落，部落与部落在交往过程中，为扩展势力范围，或者掠夺其他部落的财富，或者为了保卫自己的领地，常常导致武力冲突或大规模战争。无论是哪个部落，特别是弱小的部落，要想取胜，经常会感到势单力薄。

随着生产力的快速发展，人类社会由原始社会进入奴隶社会、封建社会、资本主义社会，以及一部分国家进入社会主义社会，在改造自然和社会的进程中，无论作为单个人，还是作为单个社会组织的家庭、社区、地区、集团、阶层、阶级、政党、民族、国家等，依然会感到力量不足。即便是比尔·盖茨，仅靠自身力量也解决不了全球的贫困问题。即便当今超级大国美国，也常常陷入左支右绌的境地。至于解决生态环境污染等全球性问题，更是单个国家做不到的。因此，完全可以说，力量相对不足是人类面临的永恒课题。

如何有效破解人类生存发展任务繁重与生存发展力量相对不足的矛盾呢？人类长期社会实践给出的唯一答案就是两个字："团结"。当原始人面对猛兽威胁生命时，就"以群的联合力量和集体行动来弥补个体自卫能力的不足"（恩格斯语）；当原始人个体狩猎困难时，就采取群体团结的方式来克服；当弱小部落取胜无望时，就联合其他部落，炎黄两个部落结盟打败强大蚩尤部落就是明证；当春秋战国时期面对强大秦国的吞并威胁时，齐楚燕韩赵魏六国实行"合纵"团结策略，推迟了秦国扩张步伐，而六国最终未逃脱被吞并命运，很重要的一个原因是秦国采取"连横"策略，成功瓦解了六国的团结；第二次世界大战期间，中苏美英法等国团结而成同盟国，打败了强大的德意日法西斯；今天，世界各国成立了联合国，团结起来共同应对各种挑战……总之，唯有团结才能凝聚力量，唯有团结才能改变力量对比，唯有团结才能取得胜利。正如那首耳熟能详的歌曲所唱："团结就是力量。这力量是铁，这力量是钢，比铁还硬，比钢还强。"

中国共产党作为马克思主义政党，是一个十分重视团结、善于团结的政党。党成立以来近百年的历史，就是团结全国人民共同奋斗胜利的历史，进一步诠释了团结就是力量、团结才能胜利的真理。党1921年成立时只有50多名党员，要完成反帝反封建的任务，力量是远远不够的，因此实行第一次国共合作，建立国民革命联合战线，取得了北伐战争的胜利。1936年红军长征胜利到达陕北后，党员仅剩三四万人，面对强大的日本侵略者，力量明显是不足的，于是实行第二次国共合作，建立抗日民族统一战线，并与苏美英法等国结成世界反法西斯统一战线，取得了抗日战争的胜利。1946年国民党反动派发动内战后，我党党员尽管已发展到100多万人，但相较推翻三座大山的艰巨任务，力量也是不及的，因而我党建立了人民民主统一战线，把工人阶级、农民阶级、小资产阶级、民族资产阶级都团结起来，取得了解放战争的胜利，建立了新中国。新中国成立后，特别是改革开放后，党员由 400 多万发展到现在，已达9 100 多万人，但在全国 14 亿人民中仍属少数，相对于把我国建成社会主义现代化强国、实现中华民族伟大复兴中国梦的繁重任务，力量仍然是不足的，因而在人民民主统一战线基础上，建立了最广泛的爱国统一战线，把全体社会主义劳动者、社会主义事业建设者、拥护社会主义爱国者、拥护祖国统一和致力于中华民族伟大复兴的爱国者都团结起来，使我国迎来了从站起来、富起来到强起来的伟大飞跃。正因为如此，中国共产党人的主要代表，从毛泽东到邓小平、江泽民、胡锦涛，再到习近平，都反复强调，统一战线是战胜困难、夺取胜利的重要法宝。

二、共同利益是实现团结的决定因素

周恩来指出，团结就是在共同点上把矛盾的各方统一起来。这里的"共同点"，最主要的就是共同利益。

什么是共同利益？这首先需要搞清什么是利益。利益是在需要基础上产生的，凡是能够满足人们需要的东西，都可以构成"利益"。也就是说，无论是物质需要，还是精神需要，都属于利益范畴的内容。按照不同的标准，利益可以划分为多种类型：按实现范围不同，可以划分为局部利益和全局利益；按实现时间不同，可以划分为短期利益和长期利益；按主体不同，可以划分为个体利益和群体利益；等等。个体利益就是不同个体所特有的利益，也就是特殊利益；群体利益就是多个个体利益重合的部分，也就是共同利益。这里的"个体"与"群体"都是相对的，例如，家庭对每个家庭成员而言是群体，但每个家庭对其所属社区而言又是个体；政党对其所属党员而言是群体，但每个政党对其所属国家而言又是个体；国家对其所属国民而言是群体，但每个国家对世界而言又是个体；等等。

马克思指出："人们奋斗所争取的一切，都同他们的利益有关。"同样，人们团结起来共同奋斗，则同他们所具有的共同利益直接相关。共同利益是实现团结的基础，它不仅决定着团结的达成与破裂，而且决定着团结的范围大小和时间长短等。这就是说，人类不同社会力量之间的团结不是随心所欲的，总是依共同利益的变动而变动，当具有共同利益时才有可能实现团结，而没有共同利益则绝无可能实现团结；当共同利益属于局部利益时，绝无可能实现全局团结；当共同利益属于短期利益时，绝无可能实现长期团结；当共同利益不复存在时，随之而来的必然是团结的破裂。例如，英国资产阶级革命时期，资产阶级之所以能够同大土地所有者阶级实现团结，结成联盟，就是因为他们有共同利益。对此，马克思曾做过具体分析："这个和资产阶级有联系的

生存发展任务繁重和生存发展力量相对不足是人类面临的永恒课题，加强团结是人类破解这一课题的永恒选择，这是无条件的。但是，人类在实现一次具体的团结时，又是有条件的，其中最为关键的条件是具有共同利益。

大土地所有者阶级……与1789年的法国封建地主不同，它对于资产阶级的生存条件不但不加反对，反而完全抱容忍的态度。这个阶级的地产事实上不是封建性的财产，而是资产阶级性的财产。这些土地所有者一方面供给工业资产阶级以手工工场所必需的劳动力，另一方面又能使农业的发展与工商业状况相适应。这就使土地所有者和资产阶级有共同利益，这就使土地所有者和资产阶级结成联盟。"英国资产阶级政治家帕默斯顿在解释资产阶级这种做法时说："我们没有永恒的盟友，也没有永恒的敌人，我们只有经常的、永久的利益，我们应当以这种利益为指针。"

我们还可以看看我国抗日民族统一战线的例子，共同利益在加强团结中的独特地位作用就更清楚了。抗日战争爆发后，为什么中国共产党能够将工人阶级、农民阶级、小资产阶级、民族资产阶级团结起来？因为全国人民在抗日救国这一点上是有共同利益的，这才形成了工农兵学商一起来救亡的局面。为什么中国共产党还能与此前积极"剿共"的敌人、代表大地主大资产阶级利益的国民党实现团结？因为阶级矛盾下降，民族矛盾上升，反对日本帝国主义灭亡中国成为国共双方的共同利益，这才有了第二次国共合作，建立起空前广泛的抗日民族统一战线。为什么中国共产党倡导的抗日民族统一战线中，尽管有分歧、有摩擦、有斗争，甚至国民党曾掀起三次反共高潮，国共双方团结合作的局面仍能维持？因为抵抗日本侵略者的共同利益长期存在，这才有了长达14年的全民族抗战。为什么抗战胜利后第二次国共合作破裂？因为日本侵略者已经被赶出中国，双方在这点上的共同利益不复存在，不仅如此，因为国民党反动派妄图独享抗日战争胜利果实，建立独裁政权，并且不惜发动内战，使阶级矛盾再次上升，双方也再次成为敌人。由此可见，团结背后的根本问题是利益问题，共同利益是实现团结的决定因素。

没有共同利益就没有团结，更谈不上巩固发展团结，但有了共同利益是否就一定能够实现团结、巩固发展团结呢？回答是："不一定。"共同利益是实现、巩固、发展团结的必要条件，而不是充要条件。中国有个"三个和尚"的民间谚语，后来还被改编成了儿歌，其中的一段歌词是："一个和尚挑水喝，两个和尚抬水喝，三个和尚没水喝，你说这是为什么？"人们的回答五花八门，但有一点是共同的，就是都认为和尚们的团结合作出现了问题。三个和尚是有共同利益的，就是都要喝水，具备了实现团结合作的基础，但为什么没有实现团结合作呢？其中一种合理的解释是，没有建立与团结合作相适应的共同利益分享机制，这才出现了人多反而没水喝，或者说人多力量不大的怪现象。怎样解决这个问题呢？无数事实表明，就是合作共赢，这应当作为实现、巩固和发展团结的重要原则。其中的道理很简单，如果参加团结合作的一方不能合理分享共同利益，势必会影响合作的积极性，甚至会退出合作，从而削弱团结，或者导致团结破裂。

三、加强领导是实现团结的根本保障

为了解决生存发展任务繁重与生存发展力量相对不足的矛盾，不同社会力量必须在具有共同利益基础上加强团结合作。同时，人类在长期团结合作的实践中意识到，要使团结合作有序有效进行，必须要有领导。所谓"领导"，顾名思义，就是领而导之，其中"领"即统领，"导"即引导。领导是一种普遍现象，大雁高飞头雁领，羊群走路头羊导，就是其在自然界中的具体体现。人类与动物的区别，就是在团结合作的群体活动中，领导意识更强，领导行为更自觉，领导作用更突出。比如，原始人群在团结合作、共同围猎时，需要有人进行指挥，这就自然产生了领导。尤其在部落之间发生战争，不同部落结成联盟时，更需要军事首领进行协调和指挥。至于人类从原始社会过渡到奴隶社会、封建社会、资本主义社会、社会主义社会，社会生产力日益发展，社会分工日益细化，团结合作范围日益扩大，更加需要加强领导。可以说，人类要生存发展，社会要团结合作，都要建立某种领导关系，都要进行某种领导活动。没有领导，就不能始终保持正确的共同奋斗方向，就不能有效分工合作，就不能协调一致行动，就不能实现共同利益。正如马克思指出的，"一切规模较大的直接社会劳动或共同劳动，都或多或少地需要指挥，以协调个人的活动"。他还进一步以乐队为例解释说："一个单独的提琴手是自己指挥自己，一个乐队就需要一个乐队指挥。"

团结合作中的领导者，可以是个人，也可以是群体。那么，什么人或群体能够成为领导者呢？这实际上是个领导资格问题。纵观人类团结合作史，特别是中国共产党统一战线史，我们可以发现在团结合作中成为各方拥护的领导者，至少需要具备三个关键条件，即特质、实力和贡献。所谓"特质"，就是所具有的与众不同的特殊品质，如坚定的信仰、坚强的意志、宽广的胸怀、奉献的精神、巨大的魄力、卓越的才能等。所谓"实力"，就是所具有的实实在在的力量，包括看得见的有形的硬实力和看不见的无形的软实力。所谓"贡献"，就是在团结合作中所承担的责任和做出的业绩。团结合作中的领导者不是与生俱来的，也不是一劳永逸的。谁具备了这三个关键条件，谁就具备了领导资格，获得领导地位，反之就会丧失领导资格和领导地位。

我们都知道，我国是多党派国家，除了中国共产党，还有八个民主党派。在中国共产党与各民主党派结成的政治联盟中，中国共产党居于领导地位，各民主党派接受中国共产党领导。共产党和民主党派都是政党，为什么是共产党领导民主党派，而不是民主党派领导共产党呢？按照上面提出的领导资格三个条件来分析，就很容易理解了。

从特质方面来看。中国共产党具有不同于民主党派的特质，就是具有与时俱进的先进性，始终代表中国先进生产力的发展要求，代表中国先进文化的前进方向，代表中国最广大人民的根本利益。这种先进性具体体现在诸多方面，比如具有先进的理论基础和指导思想，自觉以反映人类社会发展规律的马克思列宁主义为理论基础，并坚持以马克思列宁主义同中国具体实际相结合产生的，反映革命、建设、改革规律的毛泽东思想、邓小平理论、"三个代表"重要思想、科学发展观、习近平新时代中国特色社会主义思想为指导思想，指引中国革命、建设、改革事业不断取得胜利；比如具有先进的阶级基础，以最先进、最有觉悟、最有组织的工人阶级作为自己的阶级基础，是中国工人阶级的先锋队，同时是中国人民和中华民族的先锋队，由优秀分子组成；比如具有先进的组织原则，实行民主集中制，将集中指导下的民主和民主基础上的集中结合起来，切实保证决策的民主化、科学化，保证党的团结统一，保证党始终具有凝聚力、战斗力。

从实力方面来看。中国共产党与各民主党派的团结合作始于抗日战争时期，而各民主党派正式宣布接受中国共产党的领导则是在1948年中国共产党提出"五一号召"之后，一个重要原因就是中国共产党与国民党战略决战取得了决定性胜利，实力空前强大了。这种强大实力在当下体现在两个方面：一方面是硬实力，中国共产党目前拥有9 100多万名党员，是全球规模最大的党，是执政党，并掌握着全国的武装力量；另一方面是软实力，具有强大的政治领导力、思想引领力、群众组织力和社会号召力。

从贡献方面来看。按照合作博弈理论，合作收益分配是按合作各方的贡献来确定的。这也是确定在多党合作中政党领导地位的重要原则。中国共产党与各民主党派在团结合作中居于领导地位，也是与中国共产党对中国革命、建设和改革事业的巨大贡献分不开的。

一是只有中国共产党才能救中国。1921年中国共产党成立后，团结和带领全国人民，经过28年艰苦卓绝的斗争，付出了巨大的牺牲和代价，其中仅1927年4月至1928年上半年就有2.6万名共产党员献身，几乎占当时共产党员的半数，终于建立起了人民当家作主的新中国，使中国站起来了。正如毛泽东在抗日战争时期所指出的："中国共产党在革命斗争中的伟大的历史成就，使得今天处在民族敌人侵入的紧急关头的中国有了救亡图存的条件，这个条件就是有了一个为大多数人民所信任的、被人们在长时间内考验过因此选中了的政治领导者。现在共产党说的话，比其他任何政党说的话，都易于为人民所接受。"

二是只有中国共产党才能发展中国。新中国成立后，中国共产党领导全国人民经过 70 多年的艰苦奋斗，已经根本改变了旧中国贫穷落后的面貌，农村贫困人口即将实现全部脱贫，中等收入群体不断扩大，全国人民生活水平大幅提高，中国富起来了。

三是只有中国共产党才能强盛中国。目前，我国已经是世界第二大经济体，许多产品产量都位居全球第一，经济实力、科技实力、军事实力和综合国力进入世界前列，中国日益走近世界舞台中央，迎来了从站起来、富起来到强起来的伟大飞跃。

具备了领导资格，还要解决如何实施正确领导的问题。第二次世界大战时期的 1944 年 6 月 5 日，美国艾森豪威尔上将指挥美、英、加等同盟国的 36 个师，近 300 万士兵，经过一昼夜的激战，在法国诺曼底成功抢滩登陆，拉开了盟军反攻的序幕，为二战的胜利奠定了基础。6 月 6 日，作为诺曼底登陆行动总指挥的艾森豪威尔在电台发表获胜演讲后，工作人员在收拾演讲稿时，无意中发现了艾森豪威尔为此登陆行动准备的另一份演讲稿，内容却截然相反："我悲伤地宣布，我们登陆失败。这次失败完全是我个人决策和指挥失误造成的，我愿意为此承担全部责任。"艾森豪威尔的两份讲话稿，说明了这样一个问题，领导者在团结合作中的领导，既可能是正确的、成功的，也可能是错误的、失败的。怎样实施正确的领导，避免错误的领导，是领导者面临的重大课题。总结团结合作领导实践，必须努力做到以下几点：

（一）发挥率先垂范作用

在团结合作中，领导者要履行领导职能，创造好的领导效能，一个基本的要求就是率先垂范、以身作则。率先垂范就是以领导者的先锋模范作用，带动、激励和感召被领导者。它是领导者的一种无形力量，能够使领导者的意志潜移默化地为被领导者所接受，使之成为双方的共同意志，起到同心协力的作用。正如毛泽东在谈到坚持党对统一战线领导权时所说的："所谓领导权，不是要一天到晚当作口号去高喊，也不是盛气凌人地要人家服从我们，而是以党的正确政策和自己的模范工作，说服和教育党外人士，使他们愿意接受我们的建议。"领导者的模范带头作用是多方面的，最主要的是要求合作者做到的，自己首先做到；要求合作者不做的，自己首先不做。

（二）坚持民主协商

1975年5月，周恩来病重期间，还对中共中央统战部《关于组织爱国人士外出参观的请示报告》做了重要批示，指出："此类参观人员，如尚未与他们协商就突然宣布，似仍应分别约他们座谈一次，取得他们同意后再定，以示我们历来主张的民主协商精神。"周恩来和我们党为什么如此重视和强调民主协商呢？因为坚持民主协商既是团结合作中科学民主依法决策的必然要求，也是实现领导的基本方式。因为领导者与参加团结合作的各方面进行民主协商的过程，既是沟通听取意见的过程，又是被领导者了解领导者主张的过程，从而更有助于形成共识，并自觉地贯彻实施。这种领导方式，就是寓领导于协商之中。党的十八大以后，以习近平同志为核心的党中央制定颁发了《关于加强社会主义协商民主建设的意见》，完善了政党协商、政协协商等民主协商形式，习近平每年多次亲自主持召开党外人士协商座谈会，有力地加强了对统一战线和多党合作的领导。

（三）照顾同盟者利益

共同利益是建立统一战线、实现团结合作的基础，照顾同盟者利益是领导者实现领导的重要原则。这主要体现在三个方面：一是共享共同利益，就是建立合理的合作收益分享机制，使参加团结合作的各方都能够根据自己职责和贡献，分享共同利益。二是照顾特殊利益，就是充分认识参加团结合作各方既有共同利益，又有特殊利益，尊重、维护、照顾其合理的特殊利益，有利于激发其为实现共同利益而奋斗的积极性。三是舍得自身利益，就是领导者要有奉献精神，特别是在同团结合作各方利益发生矛盾时，要舍弃一部分自身利益，这样更能提高领导者的威望。正如美国著名领导学专家马克斯韦尔所说："当领导一定得牺牲，而这种牺牲是一种持续的过程，并非只是一次的付出而已。""越伟大的领袖，需要付出的也越多。"

四、批评或斗争是实现团结的必要手段

柳亚子先生是国民党左派元老，一贯同情革命、赞助革命，与中国共产党有长期合作的历史。1948 年与宋庆龄等一起，发起成立中国国民党革命委员会，任常务委员会委员兼秘书长。1949 年 3 月，柳亚子先生和其他民主党派领导人受中国共产党邀请，来到北平，参加新政协的筹建工作，由于对安排感到不满意，便于 3 月 28 日给毛泽东写了《七律·感事呈毛主席》，表示要回家乡隐居。毛泽东 4 月 19 日写了《七律·和柳亚子先生》，对他的消极态度和情绪进行批评和规劝，特别写道："牢骚太盛防肠断，风物长宜放眼量。莫道昆明池水浅，观鱼胜过富春江。"接到毛泽东和诗后，柳亚子先生深受感动，打消了回乡隐居的念头，积极参加新中国的筹备和建设工作。这个故事说明，团结不是没有批评，团结离不开批评，批评是实现团结的必要手段。

为什么团结中有批评或斗争呢？我们知道，在人类社会中，不同的社会力量因具有共同利益而团结起来，但在为实现共同利益而奋斗的过程中，围绕如何实现共同利益、如何分享共同利益，会面临一系列具体问题，例如：合作各方所处地位、所承担任务是什么？实现共同利益的道路、步骤是什么？分享共同利益的原则、办法是什么？等等。同时，参与团结合作各方除了共同利益，还有各自的特殊利益，这些特殊利益有的是合理的，有的是不尽合理的，

有的甚至与共同利益相矛盾。由此，决定了合作各方在回答和处理这些问题时，不可避免会产生分歧、摩擦、冲突，对团结合作产生消极影响，甚至导致团结合作的破裂。如何有效弥合分歧、减少摩擦、化解冲突呢？很重要的方法就是开展必要的批评或斗争。团结合作中的批评或斗争，态度做法有正确与错误之分，效果作用有积极与消极之别。总结历史经验和教训，正确有效地开展批评或斗争，要注意把握好以下几点：

（一）正确把握批评或斗争的目的：维护团结

共同利益是实现团结的决定因素，团结合作是实现共同利益的可靠保障。团结合作与共同利益的这种相辅相成关系，意味着维护团结就是维护共同利益，巩固团结就是巩固共同利益，发展团结就是发展共同利益。因此，团结合作中开展批评或斗争的出发点和落脚点就是维护团结。

1957 年 2 月，毛泽东在最高国务会议上发表了著名的《关于正确处理人民内部矛盾的问题》的讲话，在总结党成立以来加强党内团结、统一战线团结和全国各民族人民团结经验的基础上，提出了一个开展批评或斗争的公式，即"团结——批评——团结"。"讲详细一点，就是从团结的愿望出发，经过批评或者斗争使矛盾得到解决，从而在新的基础上达到新的团结。"从这个公式可以清楚地看出，一方面，团结是批评或斗争的出发点，就像毛泽东所强调的："在这里，首先需要从团结的愿望出发。因为如果在主观上没有团结的愿望，一斗势必把事情斗乱，不可收拾，那还不是'残酷斗争，无情打击？'"另一方面，团结是批评或斗争的落脚点，就是在新的基础上实现新的团结。这也是检验批评或斗争是否正确有效的标准。

总之，在这里，团结是目的，批评或斗争是手段。切不可混淆了，更不能弄颠倒，把批评或斗争当成目的，为批评而批评，为斗争而斗争，那样只会损害团结，最终损害共同利益。

（二）自觉拿起批评或斗争的武器：敢于批评或斗争

团结合作中会有这种情况，有的合作方为了维护团结，对出现的分歧、摩擦、冲突等采取和稀泥的态度，甚至在一些重大原则问题上不敢表态，更不敢批评或斗争，这是一种无原则的团结，从最后的实际效果看，不仅难以维护团结，还会损害共同利益、根本利益。

这方面，我们党有过惨痛的教训。1924年第一次国共合作实现后，开展了推翻帝国主义在华势力和北洋军阀统治的国民革命运动，但在后期以党的总书记陈独秀为代表犯了右倾错误，对以蒋介石为代表的国民党新右派的叛变行为无原则妥协退让，担心坚决斗争会吓跑资产阶级，结果不仅没有阻止第一次国共合作的破裂，而且直接

团结合作中会有这种情况，有的合作方为了维护团结，对出现的分歧、摩擦、冲突等采取和稀泥的态度，甚至在一些重大原则问题上不敢表态，更不敢批评或斗争，这是一种无原则的团结，从最后的实际效果看，不仅难以维护团结，还会损害共同利益、根本利益。

导致了大革命的失败。及至 1937 年第二次国共合作，我们党吸取了第一次国共合作的教训，同国民党顽固派消极抗日、积极反共的行为进行了坚决斗争，不仅维护了第二次国共合作，而且取得了抗日战争的伟大胜利。毛泽东深有感触地说："只有斗争，不要团结，是'左'倾错误；只有团结，不要斗争，是右倾错误。这两种错误我们党都犯过，经验很痛苦。""在抗日统一战线时期中，斗争是团结的手段，团结是斗争的目的。以斗争求团结则团结存，以退让求团结则团结亡。"并强调，这是一条真理。

习近平总书记在总结我们党近百年团结合作历史经验基础上进一步指出："团结一切可以团结的力量，调动一切积极因素，在斗争中争取团结，在斗争中谋求合作，在斗争中争取共赢。"在团结合作中必须自觉拿起批评或斗争的武器，对损害团结和共同利益的现象，该提醒的提醒，该批评的批评，该斗争的斗争。

（三）努力掌握批评或斗争的艺术：善于批评或斗争

团结合作中还有另外一种情况，有批评或斗争的勇气，不讲批评或斗争的方法，发现问题瞎批一气，乱斗一番，其结果很可能不是维护团结，而是损害团结，进而损害共同利益和根本利益。这说明仅敢于批评或斗争是不够的，还要善于批评或斗争。

所谓善于批评或斗争，就是区别不同合作对象，区别不同性质矛盾，采取不同的方式方法，做到批而不破，斗而不裂。这里面，特别要坚持有理有利有节原则。所谓"有理有利有节"，用毛泽东的解释，"就是斗争要有道理，要有胜利的把握，取得适当胜利的时候要有节制"。我们党抗日战争时期对皖南事变的处理，就是坚持"有理有利有节"原则的经典范例。1941年1月，国民党制造了震惊中外的皖南事变，围攻新四军军部及所属皖南部队9 000余人，其中大部分士兵牺牲，军长叶挺被扣压。面对如此严重局势，我们党仍以抗日大局为重，在军事上严守自卫，在政治上坚决斗争，及时公布事实真相，向国民党当局提出严正抗议，提出惩办祸首、释放叶挺等十二条解决办法，得到全国各族人民和国际舆论的普遍同情，迫使蒋介石公开表态，"保证"决不再有"剿共"的军事行动，从而维护了国共合作共同抗日局面。

通过以上分析，可以得出这样一个结论：团结影响一切，一切影响团结。人是以群体方式生存发展的，生存发展任务繁重与生存发展力量相对不足的矛盾是人类面临的永恒矛盾，团结合作是破解这一矛盾的永恒选择，并且人类社会实践的时间和空间延伸到哪里，团结合作的历史和范围就拓展到哪里，包括从氏族、部落、民族、阶级、政党到国家，从经济建设、政治建设、文化建设、社会建设到生态文明建设，团结合作影响着人类生存发展的方方面面，即"团结影响一切"。而从利益、领导、批评或斗争与团结合作的关系看，这当中无论哪个问题处理不好，都会对团结合作产生影响，此外还有许多未及论述的或大或小的问题，也都对团结合作有着这样或那样的影响，总之，人类社会的方方面面都影响着团结，即"一切影响团结"。

谈谈领导

谈到"领导"这个词，不能不提"领袖"一词。"领袖"的本义是指衣服的衣领和衣袖，后鉴于其在衣服中的统领作用，引申为人之表率。《晋书·魏舒传》写道："魏舒堂堂，人之领袖也。"意思是说，魏舒仪表庄严大方，气度不凡，假如人为"衣服"，他则是"衣领"和"衣袖"，以此称赞他为人之表率。及至近代，"领袖"专指国家、政党、群众组织等方面的领导人。显然，这时的"领袖"与"领导"意思是相近的，不过程度范围稍有差别而已，"领袖"通常指主要领导，民间称为"大领导"。而"领导"使用范围更为普遍，各方面的大小负责人，都可以称为"领导"。至于"领导"的内涵，一般认为是"领而导之"的意思，其中"领"就是率领，"导"就是引导。

领导现象是人类社会的普遍现象。社会性是人的本质属性，协作性是人的本质需求。人类是以群体方式生存和发展的，只要有群体就有协作，而要使协作有序有效进行，就必须有领导协调指挥。马克思指出："一切规模较大的直接社会劳动或共同劳动，都或多或少地需要指挥，以协调个人的活动，并执行生产总体的运动——不同于这一总体的独立器官的运动——所产生的**各种一般职能**。一个单独的提琴手是自己指挥自己，一个乐队就需要一个乐队指挥。"

有一年春节，我由于工作的关系，到首都师范大学宿舍看望著名书法家欧阳中石先生。进门我问："这一年还好吧？"他答："不好啊，一度失聪，什么都听不见了。过去常听人们说失聪如何如何不便，我那时是'领会'，现在则是'体会'，光看别人张嘴，不知道说什么，心里急呀。"这次看望使我有了一个意外的收获，就是注意到了"领会"与"体会"的区别。这里为什么讲这个故事以及"领会"与"体会"的区别问题呢？因为很多人认为，尽管领导现象是社会普遍现象，但能够成为领导的毕竟是少数人，与自己无关。其实不然。人的一生中，领导职务或大或小、或长或短一般都担任过，或多或少都有一些体会。比如你可能没担任过总理、省长、市长、县长、镇长，没做过部长、局长、处长、科长，没干过司令、军长、旅长、团长、营长、连长、排长，但你未必没做过学校的班组长、农村的村组长、工厂的班组长、部队的班组长，最起码绝大多数人都当过家长。因此，怎样当好领导，是绝大多数人都必须面对的课题。

领导问题，目前已上升为一门科学，涉及领导素质与能力、领导伦理、领导心理、领导班子、领导环境、领导体制、领导思维、领导决策、领导用人、领导激励、领导协调、领导方法与艺术、领导绩效与考评、领导权力与监督等诸多方面。这里，仅就其中的几个重要问题谈谈看法，有的属于领会，有的属于体会。

一、领导的职责是出主意、抓重点、用干部

我国有位省长到美国考察访问，参加了一位跨国公司董事长举行的欢迎晚宴。省长在致答谢词时说："尊敬的董事长先生，十分感谢您在百忙之中设晚宴欢迎我们。"翻译翻过去后，董事长表现出一脸无辜的样子，临时起身说："尊敬的省长先生，对于您刚才对我的批评，我感到很伤心，难以接受。"省长十分惊讶，赶紧说："我没有批评您呀。"董事长十分肯定地说："批评了，就是'百忙之中'这个词。在我们公司，按照董事长的职责，我主要是每周开一次董事局会议，决定一些重大问题，然后由领导团队去抓落实，而我则可能去打高尔夫球去了。可您却批评我'百忙'，要知道'百忙'可是无能的表现啊。"省长恍然大悟，赶紧解释，在中国的语境中，"百忙之中"是个好词，是对领导勤勉工作的褒奖。这个故事表面涉及的是对"百忙之中"的理解问题，深层次涉及的却是领导职责问题。

领导担负的主要职责是什么呢？毛泽东指出："领导者的责任，归结起来，主要地是出主意、用干部两件事。一切计划、决议、命令、指示等等，都属于'出主意'一类。使这一切主意见之实行，

必须团结干部，推动他们去做，属于'用干部'一类。"从领导实践看，领导者除了出主意、用干部外，还有一项重要职责，就是抓重点，包括重点任务、重点问题、重点地区、重点环节等。因此，领导的主要职责就是三件事：出主意、抓重点、用干部。

（一）谈谈出主意的问题

无论是一个国家、一个地区，还是一个部门、一个单位，都有一个发展方向和目标等战略问题，而这也是领导者首先要考虑的问题。所谓"领而导之"，最主要的就是引领前进的正确方向，带领人们朝着一个共同目标奋斗，切忌陷入具体事务当中，忘记了自己的主要职责。1955年11月18日，毛泽东在杭州主持召开华东、中南省委书记会议时郑重提醒说，对于这些省委第一书记，不担心他们饱食终日，无所用心，不干事，而担心他们忙忙碌碌，陷入事务主义、官僚主义，事无巨细，都自己亲自去处理，没有时间调查研究，没有时间想问题，没有时间想大问题。这样非犯错误不可，犯就犯大错误。有鉴于此，陈云也特别强调，领导者"要拿出一定时间'踱方步'，考虑战略性的问题"。因此，作为领导者，必须注重围绕发展方向目标等重大战略问题，深入调查，认真思考，并就发展目标、道路途径、阶段步骤、动力力量等提出意见，使自己的团队知道朝什么方向目标前进。

"出主意"的问题，本质上是个决策问题。领导者也是人，其知识能力等也是有限的，因而要避免出错主意，决策失误，必须将出主意与选主意结合起来。所谓"选主意"，就是注意听取各方面意见，领导者从中比较、权衡，最后拿定主意、做出决策。实际上，发展方向目标等重大战略问题，是大家的公事，而不是领导者个人的私事，应该也必须听取大家的意见建议。我们党将这种决策方式总结为"科学决策、民主决策、依法决策"。实践证明，这是防止决策失误的重要保证。

领导在"选主意"过程中，要听取与自己看法相同的意见，更要听取与自己看法不同的意见，否则就没有主意可选了，所谓"选主意"就成了一句空话。美国通用汽车公司很长时间保持世界领先地位，同其总经理斯隆"听不到不同意见不决策"的理念密切相关。据说，有一次斯隆主持经理人员会议，讨论某项重要决策时，他说："诸位先生，在我看来，对于这项决策，我们大家都有了完全一致的看法了。"与会者纷纷附和，表示同意。但是他接着说："现在，我宣布休会，这个问题延期到我们能听到不同意见时，再开会决策。"

（二）谈谈抓重点的问题

领导拿定主意、做出决策，是不是就完事了，可以当甩手掌柜了？非也。领导者还有一项重要职责，就是抓好重点工作。何谓"重点工作"？战国时期《吕氏春秋·用民》中有这样的话："壹引其纲，万目皆张。"意思是说，撒网时抓住渔网上的总绳，整个渔网就张开了。所谓重点工作，就是具有"纲举目张"性质的工作，抓住重点工作，就可以带动其他工作。

抓重点，要从以下几个方面着力：一是领导抓、抓领导。毫无疑问，领导要亲自过问重点工作，但不宜越俎代庖，直接指挥具体工作人员的工作。就是说，如果你是一把手的话，你还有副手，下面还有若干层级部门负责人，要善于调动他们的积极性、主动性、创造性，把重点工作落到实处。二是具体抓、抓具体。我们常说，细节决定成败。重点工作是由许多具体工作组成的，其中一个环节没抓好，就可能出问题，甚至导致整个工作失败。因此，领导在抓重点的时候，一定要具体抓、抓具体，抓住不放，一抓到底，直到抓出成效。三是持久抓、抓持久。很多重点工作，同时也是长期工作，必须树立长期奋斗思想，坚持不懈、持之以恒。特别要把重点工作进行分解，今年干什么，明年干什么，后年干什么，要心中有数，持续推进。四是联合抓、抓联合。有些重点工作，涉及其他地区、其他部门、其他单位，必须联合起来抓，才能抓好。要建立必要的沟通协调机制，明确各自职责，实现高效有序配合。

（三）谈谈用干部的问题

过去人们常说："火车跑得快，全凭车头带。"这是因为过去的蒸汽机车、内燃机车，其动力都在火车头，时速百公里左右。而现在的动车组和高铁，时速达到了二三百公里，在于其车厢也有动力，因而上边的那句话应修正为："火车跑得快，全凭一起拽。"这种现象用在领导工作中，说明了这样一个道理，即领导率先垂范固然重要，但团结整个团队共同奋斗更为重要。这就有了用干部的问题。这里的"干部"，实际上泛指干部群众，也指各方面人才。

古往今来，干事和用人是任何领导者都必须面对的两个永恒课题。而任何事都是为人干的，任何事又都是由人干的，人的状况决定了事的状况。因此，对于领导者来说，用人相较于干事更具有根本性、关键性、决定性。无数事实也证明了这个道理。据《史记》记载，汉高祖刘邦曾与群臣探讨自己得天下、项羽失天下的问题，并亲自揭秘说："夫运筹于帷幄之中，决胜于千里之外，吾不如子房；镇国家，抚百姓，给馈饷，不绝粮道，吾不如萧何；连百万之众，战必胜，攻必取，吾不如韩信。三者皆人杰也，吾能用之，此吾所以取天下者也。项羽有一范曾而不能用，此其所以为我擒也。"

用人是个大学问。要用人所长。金无足赤，人无完人。领导者的责任，就是了解每个人的长处和短处，并将其安排到最能发挥其长处的岗位上。如果不考虑其所长，而不恰当地用其所短，则很有可能变人才为庸才。正如清朝人顾嗣协在一首诗中所写："骏马能历险，力田不如牛。坚车能载重，渡河不如舟。舍长以就短，智者难为谋。生材贵适用，慎勿多苛求。"用人所长很重要，容人所短也很重要。实际上，才干越高的人，其缺点可能也更明显。美国南北战争时期，林肯总统知道格兰特将军酗酒的弱点，但更清楚他是不可多得的帅才，于是毅然任命他为总司令，取得了南北战争的胜利。

要用当其时。各类人才都有其发挥特长和作用的最佳年龄期。以医生做手术为例，老年医生虽经验丰富，诊断精确，但因体力、精力不济，并不特别适合做手术，而中年医生既有充沛的体力、精力，又有一定的经验，更适合做手术。所以，领导者要根据不同工作对不同人才的要求，恰当使用不同年龄段的人才，最大限度地发挥其应有作用，避免当用时未用造成的人才浪费。

要用人不疑。春秋时期，齐桓公即位当上国君后，采纳鲍叔牙的建议，任用曾经射杀自己未遂的政敌管仲为宰相，并且真正做到疑人不用、用人不疑，使管仲大为感动，全力辅佐齐桓公进行改革，使齐国国力倍增，成为春秋时期五霸之首。这个故事启示我们，领导者选拔出人才后，要充分信任，放手使用，使其有职、有权、有责，充分发挥聪明才智，努力完成工作任务。

二、领导的艺术是给希望的艺术

领导工作在本质上是一种调动积极性的工作，领导艺术很大程度上体现为给希望的艺术。

法国作家大仲马的巨著《基督山伯爵》最后一句话是令人过目难忘的：人类的全部智慧都包含在这两个词中：等待和希望。的确，希望是人们奋斗的原动力。有希望才有盼头，有盼头才有劲头；没了希望就会失望，失望发展到极端就是绝望。1941年12月7日，日本海军偷袭了美国珍珠港海军基地，炸沉炸伤美军舰艇40多艘，炸毁飞机200多架，毙伤美军近4000人。但比这更可怕的是，美国官兵和民众中普遍弥漫着绝望情绪。新上任的美国海军太平洋舰队总司令尼米兹，在随之到来的圣诞节，向士气低落的官兵发表了著名的圣诞讲话，指出日本人在这次精心策划的偷袭中犯了一些致命错误，如将偷袭选择在周日，大部分官兵因休息而未在船舱内，大大减少了人员伤亡，再有就是只炸船只不炸船坞，也没有炸几公里外的油库，这使得太平洋舰队得以存在，并仍然具有较强战斗力。他的讲话，使美国海军官兵看到了希望。一个月后，尼米兹策划了对日军控制的马绍尔群岛等的空袭，一举击沉日本8艘战舰，进一步鼓舞了官兵的士气。

所谓"希望"，就是人们心目中期盼实现的目标。这种目标，既有团队的共同目标，也有个人的单独目标；既有物质方面的目标，又有精神方面的目标。如是观之，这种目标实质上就是人们未实现的需要，也就是潜在的利益。所谓"领导的艺术是给希望的艺术"，就是满足人们合理利益需要的艺术。领导在给人们希望的过程中，首要的是带领团队共同奋斗，实现共同目标，即共同希望。同时，要关注每个人的不同希望，并对合理的予以支持，积极创造条件帮助实现。这对调动下属的积极性，同样是十分必要和重要的。

按照马斯洛的需要层次理论，人们的需要是多种多样的，这意味着人们的希望是多种多样的，进而意味着领导所给希望也应该是多种多样的。具体说来，在任何一个单位，任何一个干部员工都希望把自己的工作做好，但实际上因为每个人能力素质不同，工作绩效总是有差别的，因而学习提高既是干部员工的希望所在，也是领导给希望的重要内容。干部员工的学习提高有多种途径和方式，比如可以安排较长时间的脱产培训，可以到其他单位挂职锻炼，还可以实行导师制，由有经验的带新入职的。我在中共中央统战部工作了较长时间，作为副部长又长期分管研究室，深知培养高素质笔杆子的不易。所以，在部主要领导同志的关心支持下，借鉴青岛等地做法，在研究室实行了导师制，将干部学习提高导入个人努力与组织培养相结合的轨道上来，显著提高了干部的能力素质。

对许多人来说，在诸多希望中，他们更关心的莫过于晋级了。因为晋级不仅意味着干事平台的扩大，还意味着地位声望的提升，收入待遇的提高。因此，领导者要按照德能勤绩廉的标准，及时使那些肯干事、能干事、干成事的干部员工得到晋级。特别要注重使用那些不闹不找、踏实干事的人，以体现不让老实人吃亏的原则。中国是一个有着几千年封建历史的国家，官本位思想十分浓厚，一些人在晋级问题上有不少不正确认识。所以，领导者还有一个十分重要的职责，就是做好耐心细致的思想工作，使干部员工对晋级能有一个正确的理解。我在领导工作实践中，经常给干部员工讲这样一个观点，晋级涉及多方面因素，包括有没有领导职数和岗位，领导是否认可、群众是否公认，你自己业绩是否突出、能力是否胜任等。其中个人能左右的就是能力和业绩，因而提高能力是硬道理，做好工作是硬道理。我还对机关干部中一些人总抱怨职级低，有一种挫败感的问题，讲这样一个观点，晋级犹如跳高比赛，最后都以跳不过去告终，但这并不意味着失败。因为中国有 14 亿人，公务员有 700 多万人，而科级干部不过 90 多万人，处级干部 60 多万人，局级干部 5 万多人，部级干部 2 000 多人，国级干部不足百人，你即使只是跳过了科级、处级、局级，也很不简单了。

干部员工的希望除了学习、工作等方面外的，还有生活方面的。领导要不要关心？答案是肯定的。因为生活方面的问题好像是干部员工的私事，但却关联影响着单位的公事。试想，一个饱受家庭生活困扰的干部员工，能够全身心投入工作中去吗？毫无疑问，不能。

因此，领导者所给的希望，应当将生活方面的包括在内。印度诚信公司所属贾姆讷格尔炼油厂，5 000 员工的住房、子女上中小学问题，都由厂方统一解决，使员工没有了后顾之忧，显著调动了他们做好工作的积极性。我对此也有同感。无论是在共青团北京市委青运史研究室、政策研究室担任主任时，还是在中共中央统战部研究室担任处长、副主任、主任时，以及担任副部长后，我都十分重视帮助干部员工解决生活问题，有的干部家里生活困难，就悄悄往他的家里寄钱资助；有的大龄青年没有解决婚姻问题，就发动干部，甚至家人介绍；有的干部婚后没有住房，就找同学借房给他住；有的干部孩子生了重病，就帮他筹钱救治。特别是当我发现很多干部不善于处理家庭关系时，专门组织分管的五个单位的 100 多名干部召开了"怎样处理家庭关系研讨会"，分享处理夫妻关系、与子女关系、与父母关系、婆媳关系及其他方面关系的经验教训。这样做的效果是显而易见的，就是领导关心干部，干部更加关心工作。

领导者在给希望的过程中应注意什么问题呢？其实就两个字"公平"。有不少人曾就激发干部员工工作积极性的最大动力是什么的问题进行探讨，答案五花八门，有人说是薪水，有人说是职级，有人说是荣誉等。美国经济学家詹姆斯在前人基础上做了更广泛深入的调研，结果发现，公平是最大的动力。基于公平基础上的加薪、晋级、颁奖，才能使干部员工心服口服，从而最有效地调动他们做好工作的积极性。詹姆斯这样说，公平是对人格的尊重，可以使一个人最大限度地释放自己的能量。当然，绝对公平是很难做到的，但相对公平则是可能的。

三、没有距离就没有领导

美国军方有这样一个惯例，为了向阵亡的官兵家属表示哀悼和慰问，军方都要发出吊唁信，并由国防部长亲自在信上签名。在2004年军方发出的吊唁信上，国防部长拉姆斯菲尔德却偷了一个懒，他用的全是机器复制的签名。这件事被曝光后，拉姆斯菲尔德遭到广泛批评，甚至在国会遭到围攻。议员们纷纷指责他"冷漠无情"，说他的这种做法是对阵亡官兵家人"缺乏起码的尊重"；说"那些阵亡士兵的家人只是希望能从吊唁信上看到，国防部长还能抽出时间想到这个死去的年轻人，哪怕这种关心只用了很短的时间，可是他却漠视这一点小小的愿望"；更有议员认为他根本不配做国防部长。一个小小的签名问题，缘何酿成这么大的风波呢？这件事表面上看是个签名方式问题，背后反映的是与民众的交流沟通问题，涉及的是对公众的态度问题，影响的是领导者的威信问题。这样看，这就不是个小问题，而是领导者必须重视的大问题。这个问题，用我们熟悉的话说，实际上就是密切联系群众的问题。

对于领导者来说，密切联系群众具有多方面的意义。一方面，它是领导者正确履职的重要条件。一是从履行出主意职责看。如前所述，领导者出主意的过程，集中表现为选主意的过程。到哪里选主意？当然是到群众中选。并且，选的主意是否正确，还要回到群众中去检验。这就是我们党一贯倡导的从群众中来、到群众中去的领导方法。毛泽东指出："凡属正确的领导，必须是从群众中来、到群众中去。这就是说，将群众的意见（分散的、无系统的意见）集中起来（经过研究，作为集中、系统的意见），又到群众中去作宣传解释，作为群众的意见，使群众坚持下去，见之于行动，并在群众运动中考验这些意见是否正确。"二是从履行抓重点职责看。如果说出主意离不开群众，落实主意同样离不开群众，特别是重点工作更需要发动群众来完成。像 2020 年春抗击新冠肺炎疫情过程中，武汉采取的史无前例的封城举措，如果没有群众的理解、支持与配合，是根本无法做到的。三是从履行用干部职责看。人们常说，领导者要"知人善任"。这里，"知人"是"善任"的前提。领导者怎样才能做到"知人"呢？显然，光坐在办公室里是不行的，必须深入基层、深入群众，在同群众密切接触过程中认识人才、识别人才、发现人才，进而为任用人才创造条件。

另一方面，密切联系群众是领导者获得群众认同的重要条件。认同是领导的基础。所谓认同，就是作为被领导者的群众发自内心地拥护、支持领导者。毫无疑问，这样的认同对领导者来说是至关重要的，它不仅决定着领导者职责的履行，还决定着领导者的去留。很难想象，一个失去群众拥护支持的领导者，还能够长久待在领导岗位上。朴槿惠是韩国首任女总统，上任伊始支持率高达 80%，被称为该国历史上最受欢迎的总统。但亲信干政事件曝光后，其支持率跌至个位数，仅有可怜的 4%，创历届韩国总统最低，并最终被弹劾下台、被捕入狱。

密切联系群众的要旨是真诚，力戒形式主义做样子，否则不仅得不到群众的拥护，还会使群众反感。至于具体方式，则是多种多样的，可以是深入实际调查研究，可以是看望慰问、送去温暖，还可以是给群众写信通话等。美国通用公司首任执行官杰克·韦尔奇最成功的地方，就是注重运用多种方式与员工沟通，赢得了员工的广泛认同。他能叫出公司1 000多名高级管理人员的名字，他经常与员工共进午餐，他不时亲自给员工打电话或写信。有一位高管因不愿女儿换学校，拒绝了韦尔奇对其升迁调动的安排。韦尔奇知道后，给这位高管写了这样一张予以理解和赞赏的便条："比尔，我欣赏你的诸多优点，其中一点就是你的与众不同。你今天的决定更证明了这点……祝你合家安康，并能继续保持人生规划的先后次序。"这里需要强调的是，密切联系群众，并不是要天天与群众在一起，这是身在一起；更为重要的是，要努力做群众期望的领导者，这是心在一起。包拯已经死去千年了，人们直到今天仍称颂他为包青天，根本在于他是群众期盼的铁面无私、刚正不阿、廉洁奉公的典范。

　　领导者要密切联系群众，努力同群众打成一片，但要防止在这个过程中有远有近、有亲有疏，尤其要防止与一些人称兄道弟、称姐道妹，搞哥们姐们义气那一套，形成所谓不分彼此的零距离的小圈子。这对领导者实施正确而有效的领导是十分有害的。我们已经知道，公平是激发干部员工工作积极性的最大动力。如果与一些人形成零距离的小圈子，势必会对这些人在晋级、加薪、评奖等方面倾斜照顾，而这同公平原则是格格不入的，会极大影响小圈子之外广大干部员工的积极性。与通用电气杰克·韦尔奇并称美国20世纪最伟大首席执行官的艾尔弗雷德·斯隆，深谙这当中的道理，所以在他担任通用汽车总裁长达 23 年的时间里，始终坚持在公司内部等距离交往原则，并拒绝和任何一个人成为超越工作关系的朋友。很多人对他这种近乎无情的做法表示不解，他解释说，一位领导人如果在内部与其他人是朋友，那就不可能使自己保持公正。因此，保持距离，这是领导职位使然。

曾听到有的领导者发出这样的感叹："在单位能领导千军，在家里很难领导夫人（丈夫）一人。"为什么呢？因为你和你的夫人（丈夫）是零距离。为什么零距离会妨碍领导呢？因为表扬与批评是领导者实施领导的两个主要手段，如果领导与一些下属形成不分彼此的零距离的哥们姐们关系，领导与下属的关系就会庸俗化，失去必要的领导权威，就会出现表扬可以、批评不得的局面。如果领导者坚持批评他，他会说："领导，咱俩谁跟谁呀？别跟哥们儿（姐们儿）来这套。"从而使你的批评化为乌有，失去应有的效力。特别是这种哥们姐们小圈子关系往往是靠不住的，一旦反目成仇，对领导者的伤害极大。正是在这种意义上说，没有距离就没有领导。

四、领导的秘诀是肯于亏己

领导者区别于被领导者最显著特征是拥有权力，而所谓"权力"其实就是影响力。按照现代领导学的理论，领导者通常拥有两种权力，相应具有两种影响力。一种是硬权力，它是由所担负职务所赋予的权力，职务在则权力在，职务无则权力无，包括决策权、用人权、奖惩权等，这种由硬权力产生的影响力叫强制性影响力。另一种是软权力，它同领导者所担任职务无关，而同其素质有关，包括品德、人格、才能等，这种由软权力产生的影响力叫非强制性影响力。现代领导学的理论还认为，随着社会的发展进步，人们素质的逐步提升，软权力较之硬权力越来越重要，发挥的作用越来越突出。实际上也确实是这样，一个人能否成为领导者离不开软权力，一个人能否当好领导者同样离不开软权力，甚至可以说用好硬权力始终离不开软权力。有鉴于此，美国著名领导学家柯维将真正的领导者定义为，"能够影响别人，使别人追随自己的人物"。

那么，作为一个领导者来说，如何才能拥有强大的软权力，即崇高的威信呢？如何才能使被领导者成为自己的追随者，即发自内心自觉接受自己领导的人呢？古今中外无数案例证明，秘诀就是一条：肯于亏己。众所周知，人的本质是社会关系的总和，而社会关系从根本上说是利益关系，人们在社会生活中形成领导关系也是基于共同利益。正因为如此，司马迁在《史记》中指出："天下熙熙，皆为利来；天下攘攘，皆为利往。"因此，如果一个领导者在各种利益面前，能够先人后己，多人少己，甚至为人忘己，就一定能够赢得下属的支持、拥护、爱戴，从而树立起崇高威信，获取强大的软权力，并给自己顺畅行使硬权力提供可靠保障。从一心治水三过家门而不入的大禹，到精忠报国的岳飞，从为人民劳累而死的焦裕禄，到生能舍己、死不还乡的孔繁森等为人民铭记、景仰的领导者楷模，无一不是肯于亏己的典范。相反，如果一个领导者时时为自己着想，处处与民争利，甚至横征暴敛、贪污腐化，就像商纣王、和珅及现在因贪腐倒下的领导干部一样，怎么能得到下属的认同、民众的拥戴呢，所谓崇高威信、强大软实力更是无从谈起。

现在的问题是，对于这样一个领导秘诀，一些领导者不是不知道，而是做不到。究其原因，很重要的一条是未能树立正确的得失观，不清楚自己最需要得什么、失什么。自然领域有个能量守恒定律，社会领域则有个得失伴生定律，说的是有失必有得，只得不失或只失不得的事情是没有的。古人很早就懂得这个道理。在安徽桐城，流传着这样一个家喻户晓的"六尺巷"故事，说的是清朝康熙年间，安徽桐城出了一个叫张英的大学士，因与邻居家发生宅基地纠纷，家人驰书京城，希望他为家里撑腰。谁知张英却回了这样一首诗："千里修书只为墙，让他三尺又何妨。万里长城今犹在，不见当年秦始皇。"意思很明白：退让。家人得诗，主动退让。邻居深受感动，也后撤三尺。于是，就有了"六尺巷"，张英也因此誉满乡里。这个故事启示领导者，如果你在利益面前退一步，威信就会进一步。换言之，你失去了一些利益，却得到了威信。这样的"得"，难道不是领导者最需要的"得"吗？

有这样一个视频，每次看我都心情激动、热泪盈眶。2008 年 3 月 28 日，也就是周恩来总理逝世 32 周年后，80 岁的人民歌唱家郭兰英在人民大会堂怀念周恩来音乐会上演唱《绣金匾》时，泣不成声，台下观众个个泪目。特别是当舞台背景屏幕上出现管易文等人怀念周恩来总理视频时，全场更是爆发出了经久不息的掌声。延安农民雷治富说，周总理"确确实实一生无私无畏，就是为了中国人民的解放事业，就是没有他自己"。张学良将军说："在中国人里我最佩服的几个人，周恩来是第一个。"中国佛教协会会长赵朴初说：

"一个人去世后，我看（即使是）父母嘛，三年过去了，也就（不）哀痛了。他不是，他长期令人还想着他，这个少啊！"管易文是当年和周恩来总理一起参加觉悟社革命斗争的百岁老人，对朝夕相处的亲人都已经失去了辨认能力，但当看到周恩来总理照片时，竟然发生了这样的奇迹，他连续高喊三声："音容宛在，永别难忘！音容宛在，永别难忘！！音容宛在，永别难忘！！！"忘我的人，是最容易让人记住的人。让千千万万人记住的周恩来总理，生动诠释了好领导的三种境界：一是当面说你好，背后还说你好；二是在任时说你好，离任后还说你好；三是在世时说你好，去世后还说你好。而支撑起这三种境界的基石，就是肯于亏己。

管理与领导的
　本质是激励
激励的关键
　是满足需求

谈谈激励

所谓"激励",顾名思义,就是激发和鼓励,早在成书于春秋战国时期的著名军事著作《六韬》中就出现了这个词。《六韬·龙韬·王翼》记述了周武王和姜太公讨论君主统率军队,用好辅佐人才的情况。姜太公认为,凡举兵兴师,将帅需要辅佐人才 72 人,其中"爪牙五人,主扬威武,激励三军,使冒难攻锐,无所疑虑",意思是,需要得力帮手 5 人,主管宣传鼓动军威工作,激励三军斗志,使士兵敢于攻坚克难而无所畏惧。

进入近代以后,"激励"一词先是成为心理学中的一个术语,指激发人的动机的心理过程。后又被引入管理和领导领域,成为激励约束人的行为,使之满足于组织需要的重要手段。这里的激励有两种基本形式,即正激励和负激励,简单说就是奖励与惩罚。怎样运用好这两种激励方式，最大限度发挥其激励作用，是管理和领导理论与实践中面临的重大课题。长期以来，解决这个问题的普遍做法，或从完善激励内容入手，或从丰富激励形式入手，或从创新激励机制入手，都取得了成效。

除此之外，还有没有其他解决之道呢？答案是肯定的。从正负激励特点入手，将正负激励方式在一定条件下反向运用，可以取得意想不到的积极效果。2009年飞行员出身的兰迪·巴比特就任美国联邦航空管理局局长后，打算推出一项奇特的"倒奖励"制度，即奖励那些迅速上报自己在工作中犯了错误的飞行员、机械师、地面指挥等航空从业人员，并且免除对他们的处罚（致使坠机或蓄意叛逃除外）。一些人对巴比特犯了错误不予处罚、反而奖励的想法表示不解和反对，认为这是鼓励犯错误，并会增加开支。但巴比特坚持认为："通过'倒奖励'制度，我希望他们从同行或其他人的错误中有所收获和警醒，以避免犯同样的错误，减少事故率。而且我深信，如果不这样，一旦他们犯错，所造成的损失一定会高于我们所付的奖金。"最终巴比特主张的这项"倒奖励"制度获得通过，在全美航空领域执行。正如巴比特所料，这种正负激励方式反向运用的"倒奖励"制度，极大地鼓舞了飞行员等航空从业人员自我揭短的勇气，联邦航空管理局每月都能收到2 000多份错误报告。巴比特还将典型错误编成刊物对外发行，供航空人员从中吸取教训。据联邦航空管理局统计，到2013年底，实施"倒奖励"制度后共支出奖金6 100多万美元，但明显降低了事故发生率，避免了因此而带来的近3亿美元的损失。所以，正负激励方式反向应用，应当成为一种新的激励思路。那么，这种激励思路为什么行得通？在什么条件下行得通呢？

一、正负激励方式及其特点

激励和惩罚作为两种基本激励方式，在人类管理和领导实践中不仅很早就开始使用，甚至在中国古代就形成了各种各样的奖惩制度。1975 年湖北云梦县睡虎地秦墓出土的竹简《为吏之道》，其中就有这样的内容："凡为吏之道，必精洁正直，慎谨坚固，审悉毋私，微密纤察，安静毋苛，审当赏罚。"特别是明确了为吏的"五善"和"五失"及其相应奖惩规定。至于将奖励和惩罚明确为正负激励这样的学术用语，则是现代的事情了。

美国心理学和行为学家斯金纳等人在研究激励问题过程中，提出了著名的强化理论。按照强化理论，激励可区分为正强化和负强化，也就是正激励与负激励两种类型。所谓"正激励"，是指对人们的某种行为给予肯定、支持、鼓舞和奖励，使这种行为得到巩固和强化，持续有效地进行下去，从而满足人的需求，实现组织目标。所谓"负激励"，是指对人们的某种行为给予否定、制止和惩罚，使之弱化和消失，朝着有利于个体需要满足和组织目标实现的方向发展。对比正激励与负激励，具有以下显著不同：

（一）正激励体现为奖励，增加人的利益；负激励体现为惩罚，威胁人的既得利益

按照美国管理学家赫茨伯格的双因素理论（激励－保健理论），

正激励又可区分为外激励与内激励两种。外激励主要包括工资、环境、政策等，当具备这些因素时，只会使人们感到外在的、有限的激励作用，所以被称为保健因素。内激励主要包括成就、认可、晋升等，当具备这些因素时，可以内在地激发人们的工作动机，调动起人的积极性，所以被称为激励因素。

丹尼尔·卡尼曼从心理学角度证明，负激励所具有的惩罚作用更显著。卡尼曼发现，一定数量的价值损害（负效用）要大于同等数量的赢得所带来的价值满足感。比如，丢掉10元钱所带来的不愉快感受，要比捡到10元钱带来的愉悦感受强烈得多。卡尼曼认为，在可以计算的情况下，人们对损失的东西的价值估计高出得到相同东西价值的两倍。所以，负激励从威胁人们的既得利益出发，使之将压力转化为动力，提高工作的积极性。

（二）在以物质利益为激励内容时，正激励所需成本大，负激励所需成本小

管理与领导的本质是激励，激励的关键是满足需求。人的需求虽然看似多种多样，其实大体包括生理需求与心理需求两个部分，其中满足生理需求的多表现为物质需求，满足心理需求的多表现为精神需求。因为凡是能够满足需求的东西都可以成为利益，所以人的生理需求和心理需求、物质需求与精神需求，又可以称为物质利益与精神利益。正激励是建立在增加人的收益基础之上的，而人的需求，特别是物质需求，是一个不断增长的过程，具有一定的刚性，一般只能增加、不能减少，因而要想提高激励效果，必须不断增加激励成本，从而使管理者面临着成本上升的巨大压力和制约。比如，改革开放以来，我国各行各业人员工资收入持续增加，其中新入职公务员队伍的大学本科生月工资，从 20 世纪 80 年代的几十元到 90 年代的几百元，到现在已经增加到几千元。因为负激励是建立在威胁人们既得利益基础之上的，故而在以物质利益为激励内容时，所需成本很小，并且无论单位效益好坏都可以使用。

（三）正激励实行起来易，负激励实行起来难

正激励作为一种"唱白脸"的方式，易于为管理者实施，也易于为被管理者接受，因而成为最经常、最大量、最普遍的激励方式，特别是在机关、学校、企业等单位则成为主要的激励方式。

而负激励作为一种"唱红脸"的方式，经常采取批评、告诫、处分、辞退、法办等形式推行，人们在心理上不愿自觉接受，往往带有强制色彩，在好人主义的氛围中，在有法不依、执法不严的环境下，难以落实。从 20 世纪 80 年代后期开始，我国诉讼案件数量大幅增加，一些生效法律文书得不到执行，被群众称为执行难，执行不了的法律文书被称为"法律白条"，欠钱判决后仍不归还的人被称为"老赖"。据最高人民法院院长周强在 2018 年 10 月 24 日第十三届全国人大常委会第六次会议上披露，仅 2016 年至 2018 年 9 月，全国法院受理执行案件就高达 1 884 万件。

二、基于激励疲劳现象的正负激励方式反向运用

现实生活中我们注意到这样一种现象：一对夫妻结婚时间久了，彼此之间极容易"见美不美"，激情衰退，从而出现人们所说的"审美疲劳"。在激励实践中是否存在"激励疲劳"现象呢？若存在又如何克服呢？

（一）激励疲劳是管理和领导实践中的普遍现象和突出问题

父母（特别是母亲）批评教育孩子，类似的话说一次、几次管用，说的次数多了，孩子就会觉得太唠叨，抱怨耳朵都快起茧子了，听不进去了，出现了疲沓现象。这是典型的负激励疲劳现象。个别单位将党的三大作风之一"批评与自我批评相结合"变成"表扬与自我表扬相结合"，结果表扬变成了见面问候语"你好"一样的客套话，激励作用严重衰减。这是典型的正激励疲劳现象。

我们可以这样定义激励疲劳现象：长时间运用一种激励方式，导致激励作用不断衰减，甚至失效。激励疲劳现象可以从心理学上得到解释：当某些外部或内部激励因素反复以同样的方式、强度和频率呈现时，人的大脑皮层对这种刺激的反应就会变弱，甚至不起作用。

（二）正负激励方式反向运用是解决激励疲劳导致的激励衰减乃至失效问题的可行性思路

所谓正负激励方式反向运用，即当出现正激励疲劳时，可适度采取负激励方式加以校正和解决；当出现负激励疲劳时，可适度采取正激励方式加以校正和解决。这种思路可以从经济学的边际效用理论中得到解释和支持。在这里，可以把激励方式看作为获得产出而投入的一种要素，而任何一种投入要素都具有一般意义上的边际效用及其递减规律的性质。

其一，边际效用的大小与被激励者期望获得激励的欲望强度成正比。比如某人非常渴望得到领导表扬时，恰巧得到了领导的表扬，此时正激励方式的边际效用很高。而当他已经获得了各种各样的奖励，此时领导的表扬可能边际效用很小，甚至为零。此时，可能一次负激励，比如批评，对他的边际效用更大，这也说明正激励反向运用为什么有时会取得更明显的效果。

其二，边际效用的大小与激励方式的使用频次成反比。由于激励的欲望强度有限，且随着激励欲望获得满足而递减，正如唐代魏征在他的名篇《谏太宗十思疏》中所说："恩所加，则思无因喜以谬赏；罚所及，则思无因怒而滥刑。"可见早在 1 300 多年前的盛唐，就注意到了因"谬赏"和"滥刑"而导致的"激励疲劳"。此时，正负激励方式反向运用，就可能起到抵制甚至克服"谬赏"和"滥刑"的效果。

其三，边际效用具有周期再生性的特点。当较长时间未获得正激励时，此时获得正激励的欲望就会很强，一次普通的表扬就可能起到有效的激励作用。相反，当较长时间没有负激励时，正激励的边际效用就会明显下降，此时反向运用负激励就会取得明显的效果。这一特点告诉我们，要想获得较为理想的激励效果，在政策设计上必须考虑正负激励方式反向交替使用。

（三）基于激励疲劳现象的正负激励方式反向运用的成功案例

案例一：某市级机关探索实施末位淘汰制。这是一个在出现正激励疲劳现象反向运用负激励的案例。由于机关改革相对滞后于农村、企业等方面的改革，干部能进不能出、能上不能下的问题比较严重，尽管机关采用了大量表扬、评奖、晋级等正激励方式，但相当一部分干部仍工作积极性不高、工作效率比较低。可以说，在相当一部分干部中出现了比较严重的正激励疲劳现象。当然，机关中也有比较严厉的负激励法规，但很少真正实施，无法发挥应有作用。2001年12月，该市开展了"万人评议机关"活动，首次对群众评议不满意的部门主要领导予以末位淘汰处理。当年排在末位的五个部门的主要领导，有两个被

某种激励方式使用的频次越高、越频繁，边际效用越小。这就是为什么会出现『激励疲劳』的原因。

免去职务，有的还做了降职交流处理。该市采取的这种负激励方式，不仅在本市，在全国也引起了不小的震动。该市干部普遍反映，免职两位局级干部比每年提拔几十位局级干部的激励作用要大得多。尽管末位淘汰制的使用是有局限的，但它在机关中产生的激励作用是毋庸置疑的。

案例二：王同山从"神偷王"到成为"捉贼王"。这是一个出现负激励疲劳现象反向采用正激励的案例。江苏的王同山从13岁开始行窃，偷遍大江南北，曾经创下一天连偷60多个钱包的纪录，被同行称为"江南神偷王"。同时，王同山也一次次受到严惩，先后七次入狱。第六次出狱后也曾想金盆洗手，找当地司法部门求助找个工作，但吃了个闭门羹，于是他破罐子破摔，重操旧业，先把司法部门领导家里偷了个精光，直至再次入狱，并表示宁愿在监狱里待一辈子。显然，对王同山来讲，已经出现了严重的负激励疲劳现象。第七次入狱后，狱方没有放弃对他的教育改造，并根据他的积极表现，给予了减刑的正激励。2004年1月提前出狱后，当地司法部门新任领导也注意采取正激励方式，帮助他落实了低保，又给他在住宅小区找了个保洁员的工作，使他大为感动，发誓要重新做人。特别是他不仅努力做好本职工作，还协助安保部门抓获了许多小偷，成了"捉贼王"，同时在报纸上发表了告全省"同行"书，以现身说法，呼吁"同行们"改邪归正。中央电视台等众多媒体报道了他的事迹，对其他"同行"产生了一定的正激励作用。

三、基于激励预期现象的正负激励方式反向运用

所谓"激励预期"现象，是指人们做了好事之后，会有一种可能获得正激励（奖励）的心理预期，犯了错误之后，会有一种可能获得负激励（惩罚）的心理预期的现象。

心理学研究表明，意外事件相比正常预期事件对人的刺激要大很多。比如，意外收获带给人的愉悦程度要甚于正常预期收获，意外打击带给人的痛苦要甚于正常预期打击。同理，人们对意外激励获得的感受，要比预期激励获得的感受强烈得多，激励效果要明显得多。据此，我们可以提出实施正负激励方式反向运用的又一种情况，即在人们做了错事预期获得负激励的时候，适时适度反向给予正激励；在人们做了好事预期获得正激励的时候，适时适度给予负激励。

当然，此种情况下正负激励方式反向运用不是无条件的，而是有一定条件的。所谓一定条件主要是指：要符合正激励与负激励的本质特征，即正激励本质上是奖励，负激励本质上是惩罚。因此，在人们预期获得负激励反向给予正激励时，并不是对其所做错事给予正激励，而是从中找出可资正激励的内容给予正激励；同样，在人们预期获得正激励反向给予负激励时，并不是对其所做好事给予负激励，而是从中找出可资负激励的内容给予负激励。

令人称道的是，中国古代就懂得基于激励预期现象的正负激励

方式反向运用的道理，并有成功实践。比如，《淮南子》中就明确提出了"或有罪而可赏也，或有功而可罪也"的思想，并分别举了西门豹和解扁两个实例加以说明。

魏国西门豹治理邺县时，粮仓里没有积蓄的粮食，钱库里没有储备的钱币，兵库里没有兵械存放，官府里没有总计收入的账簿。这样就有人多次在魏文侯面前议论西门豹的这些过失。于是魏文侯就亲临邺县检查工作，看到的现象果然和人们议论的相一致。于是，魏文侯召见西门豹说："翟璜推荐你来治理邺县，你却将这里治理得如此混乱，你能说清这些事情的缘由也就算了，否则要严加追究。"西门豹解释说："我听说实行王道的君王使人民富足，实施霸道的君王使士富足，只有亡国之君才使各种府库充实充足。如今您要实施王道，所以为臣就将粮食、兵器、钱财都积贮在民间。如果您不信的话，让我登上城楼击鼓，铠甲兵器和粮食就会马上齐备。"于是，西门豹登上城楼开始击鼓，第一通鼓声结束，只见百姓纷纷披挂铠甲，带着弓箭，手持兵器从家里出来。第二通鼓声结束，只见又有许多百姓背着或用车装着粮食赶来。看到这些后，魏文侯说："行了，行了。"西门豹说："我和百姓守约讲信用，这可不是一天就能形成的。有一次欺骗他们，以后就别想再调动他们。燕国曾经侵犯我国，占据我国八座城池，现在就让我指挥军民向北攻打燕国，收复失地吧。"于是西门豹率兵攻打燕国，收复失地后返回邺城。这就是有过错但可获得正激励的事例。

解扁是魏国东部地区的官员。有一次年终上报账目，地方财政收入增加了 3 倍，主管财政的官员提请上级奖励解扁。而魏文侯却质疑说:"我的国土没有扩张,人口也没有增多,为何解扁主政的地方财政收入却增加了3倍?"主管官员解释说:"解扁在当地下令百姓冬天砍伐树木积存起来,到来年春天再从河道里运出去卖掉,这样就积累了不少钱财。"魏文侯听后说:"百姓春天努力耕种,夏天勉力除草,秋天又忙着收割贮藏,只有冬天才有空闲,现在要他们冬天伐木积贮,又驾车运到河道,这样一来,百姓哪有时间休养生息。他们已经疲惫不堪,就是收入增加3倍又有什么用呢?"这就是有功绩反而招致负激励的事例。

基于激励预期现象的正负激励方式反向运用理论,同样在现代管理和领导实践中得到普遍运用,亦有许多成功案例。

案例一:日本本田公司设立失败奖。这是一个出现负激励预期现象反向运用正激励的案例。奖励成功,惩罚失败,似乎天经地义。但日本本田宗一郎的座右铭是"1%的成功建立在99%的失败的基础上",所以,本田公司反传统做法而行之,出人意料地设立了表彰失败的奖励制度,旨在奖励失败者的挑战精神,让其从失败中寻找成功的因素,把失败真正作为成功之母。本田公司设立失败奖的做法,极大地激发了员工,特别是那些失败者的创新热情,许多人最终获得了成功,并使本田公司长久地保持了在世界的领先地位。

案例二:德国老板严厉批评成功者。这是一个出现正激励预期现象反向运用负激励的案例。一位中国员工供职于设在中国的德国投资企业。一次,德国老板回国期间,中国员工接到了一单颇具风险的投资业务,虽然没有什么把握,但凭着直觉大胆出手,给公司赚了一大笔钱。这位大获成功的员工预期会得到老板的表扬和奖励。

但出乎预料的是，老板在仔细询问情况之后，不仅没有奖励和表扬，反而大发雷霆，批评他玩忽职守，冒险投资。这位中国员工受到了很大触动，明白了一个使他受益终身的道理：不是所有的成功都是正确的，只有科学决策下取得的成功才是真正的成功，才应受到奖励。

基于激励预期现象的正负激励方式反向运用作为一种新思路，与基于激励预期现象的正负激励方式正向运用并不是对立的，也不是以反向运用取代正向运用，而是在正向运用的基础上，勇于提出新思路，探索新途径，使激励更充分地发挥其应有作用。

总结经验不易
运用经验
同样不易

谈谈经验

　　佛家原有"蛇绳"的比喻，到明代，僧人居顶所著《续传灯录》中则有了这样的话："一度著蛇咬，怕见断井绳。"这话后来在民间广泛流传，并演变成今天家喻户晓的俗语："一朝被蛇咬，十年怕井绳。"这句话本身通俗易懂，不需要解释，需要关注的是其背后涉及的问题。井绳尽管似蛇，但毕竟不是蛇，但为什么有些人很长时间里见到绳就怕呢？因为这些人有过被绳一样的毒蛇咬过的经历，体验到了毒蛇的厉害。由此可见，这句话背后涉及的是经验问题。所谓"经验"，就是人们在实践基础上获得的对客观事物的感性认识。而经验的价值，就是用实践得来的知识去指导实践。这决定了正确总结和运用经验，同每个人密切相关。

一、"我是靠总结经验吃饭的"

1965 年 7 月 26 日，中共中央主席毛泽东在中南海接见刚从海外归来的原国民党政府代总统李宗仁时，突然向陪同李宗仁前来的秘书程思远问了这样一个问题："你知道我是靠什么吃饭吗？"程思远不知如何回答。毛泽东见状自问自答道："我是靠总结经验吃饭的。以前我们人民解放军打仗，在每个战役后，总来一次总结经验，发扬优点，克服缺点，然后轻装上阵，乘胜前进，从胜利走向胜利，终于建立了中华人民共和国。"毛泽东"我是靠总结经验吃饭的"中的"我"，既是"自我"，也是"大我"，说明了总结经验的极端重要性。

（一）总结经验是推动工作完成的有效途径

经验既是对过去工作的总结，也是对后来工作的启示。只有通过总结经验，才能知道工作中哪些是行得通的，需要进一步坚持；哪些是走了弯路的，需要调整校正；哪些是南辕北辙的，需要坚决放弃。1841 年 8 月的一天，美国波士顿法院公开审理了一个年轻人酗酒闹事案。按照当地法律，这类案件一般这样处理：或交付一笔保释金，或与其他罪犯一起关押一年。坐在旁听席上的一位老鞋匠了解到，这个年轻人无钱交纳保释金。而他更了解，此前有些因轻微犯罪被关押的年轻人，获释后真的变坏了，甚至因犯下重罪"二进官"。于是，这位老鞋匠告诉法官，他愿做这个年轻人的担保人，并获得同意。最终这位年轻人因在三周的担保期内信守承诺，滴酒未沾，而被当庭释放，并在获释后成为守法的好公民。此后的 17 年里，这位老鞋匠为 2 000 多人做过获释担保人，改变了许多人的命运。1878 年，马萨诸塞州总结了这位老鞋匠的担保实践经验，制定了第一部缓刑法规，正式确立了缓刑观护者的法律地位。后来，缓刑制度在美国逐渐流行，并推广到世界许多国家和地区。

观察人类社会发展历史很容易发现，重视总结经验早已成为推动工作的普遍做法。在印度尼西亚巴厘岛，一年中最大的节日叫安宁日，这一天各行各业全部停业休息，人们都在家中静坐冥思，审视自己这一年的不足与进步，总结经验与教训。在当下中国，重视总结经验已经成为一种工作方法，不论是中央和国家层面，还是地区、部门层面，甚至个人层面，一项重要工作完成后要总结经验，一年结束后更要全面总结经验，以此指导各方面工作的开展。

（二）总结经验是提高领导水平的重要方法

提高领导水平有多种方法，包括必要的理论培训、实践锻炼等，但注重总结经验都是其中不可或缺的环节。有的领导干部虽然学历不高，甚至没有在高等学府深造过，但因为善于总结经验，不仅有年总结、月总结、周总结，而且每天都要做个小结，反思当天的得失，做到"不占糊涂便宜"，也"不吃糊涂亏"，因而领导水平提高很快，并在工作中做出了显著成绩。

这启示我们，总结经验应该成为领导干部的必修课和硬本领，既要注重在工作中边学边干边总结自己的经验，又要善于总结借鉴他人的经验，在总结经验中拓展思路，在总结经验中预判形势，在总结经验中把握规律，在总结经验中科学决策。经验总结得越好，领导水平提高得越快，工作成绩就越大。

（三）总结经验是丰富发展理论的关键环节

实践出真知，但实践本身不等于真知，往往须经总结经验这个环节。可以说，经验是对实践的总结，理论是对经验的升华，因而经验就成为连接实践与理论的桥梁纽带。

被称为中华第一街的北京长安街，不同时期曾张贴悬挂过许多不同内容的标语，但中南海新华门两侧的两条标语自 20 世纪 60 年代以来从未更换过，其中一条就是"战无不胜的毛泽东思想万岁"。这是因为毛泽东思想是中国共产党集体智慧的结晶，是关于中国革命和建设的正确的理论原则和经验总结，是经过长期实践检验的科学理论。同毛泽东思想一样，邓小平理论、"三个代表"重要思想、科学发展观、习近平新时代中国特色社会主义思想，作为马克思主义中国化的重大理论创新成果，也是我们党坚持解放思想、实事求是、与时俱进的思想路线，坚持从发展变化的具体实际出发，总结全党带领中国人民进行社会主义建设实践经验而形成的。可以说，马克思主义"中国化"的过程，就是马克思主义基本原理与中国具体实践相结合的过程，就是将由实践取得的经验升华为理论的过程。

二、总结经验必须读懂经验

总结经验是马克思主义认识论的基本要求，而总结经验的前提是正确认识经验。尤其是只有把握了经验的类型，才能更加清楚从什么方面去总结经验，更加明确总结什么样的经验。经验的划分标准很多，类型也很多，比较典型的有以下几种：

（一）直接经验与间接经验

毛泽东说过，一个人的知识，不外直接经验与间接经验两个部分。直接经验是通过亲身实践总结出来的经验，获得的知识；间接经验则是从他人那里获得的经验，其中最重要的是书本知识。焦裕禄有一句名言："吃别人嚼过的馍没味道。"形象地说明了直接经验的重要性。这是因为，直接经验是在亲身体会的基础上产生的认识成果，感受往往更深刻，运用往往更自觉，效果往往更显著。间接经验、书本知识是他人、前人在实践中总结出来的，人们要真正消化它、理解它、掌握它，就必须在实践中运用它，变"领会"为"体会"，这样才能真正变成自己的经验、自己的知识。正如陆游在《冬夜读书示子聿》诗中所写的："纸上得来终觉浅，绝知此事要躬行。"

强调直接经验的重要性，并不意味着可以轻视、忽视间接经验。一个人的生命是有限的，精力是有限的，实践条件是有限的，没有可能、也没有必要什么事情都亲自实践，以获取直接经验和知识。实际上，在我们每个人的经验和知识体系中，绝大部分是通过学习获得的间接经验和知识。人们在总结运用直接经验时，根本离不开前人、他人的间接经验和知识。正所谓："他山之石，可以攻玉。"我们都知道，深圳等经济特区是我国改革开放和现代化建设的窗口、排头兵和试验场，其设立就借鉴了港澳等地区的经验，甚至包括革命战争年代陕甘宁特区（边区）的经验。1977 年 11 月，邓小平复出后首站到广东考察，在了解到边境地区大量农民逃往香港后说，看来最大的问题是政策问题。1978 年四五月间，国务院派出考察组到港澳实地考察，向中央报送了《港澳经济考察报告》，建议借鉴港澳的经验，把靠近港澳的广东宝安、珠海划分为出口基地。1979 年四五月间，中央在北京召开的工作会议，讨论了支持在深圳等地设立特区的问题，在谈到名称时邓小平说："就叫特区嘛，陕甘宁就是特区。"同年 7 月 15 日，党中央、国务院批转广东省委、福建省委关于对外经济活动中实行特殊政策和灵活措施的报告，正式决定在深圳等地试办特区。

（二）历史经验与现实经验

"历史"和"经验"虽然是两个词，但却是紧密联系在一起的。用南怀瑾先生的话说："历史本来就是人和事经验的记录，换言之，把历代人和事的经验记录下来，就成为历史。""历史"与"现实"两个词同样是紧密联系在一起的，历史是昨天的现实，现实是明天的历史，人类社会之演进就是历史与现实之间循环往复的过程。由此决定了，作为对以往实践总结的历史经验，具有温故知新、鉴往知来的重要作用。中国自古以来就有重视总结和运用历史经验的传统，甚至到了文必引史的程度，宋代司马光等人编撰的《资治通鉴》，更是一部以史资政的巨著。中国共产党人同样十分重视总结和运用历史经验。1944 年在抗日战争由战略相持转入战略反攻的形势下，郭沫若撰写了《甲申三百年祭》，总结了李自成领导的农民起义的历史经验，被中共中央列为延安整风文件。1949 年 3 月，解放战争胜利在望，毛泽东在从西柏坡赶往北平的路上，再次强调要汲取李自成失败的历史经验，说"我们绝不当李自成"。

虽然历史与现实往往有着惊人的相似，但毕竟仅仅是相似，而不是相同。由于社会的发展，现实与历史相比，总表现出新的时代特征，面临新的时代课题，必须结合新的时代实践，努力总结新鲜经验，即现实经验。而总结摸索经验的过程，就是"摸着石头过河"的过程。这里所说的"摸着石头过河"，最早是一句民间歇后语，其完整表述是："摸着石头过河——求稳当。"后来党中央、国务院的文件和领导人的讲话，常常引用这句话，引用最多的当属陈云。1980 年 12 月

改革开放新时期，中国共产党带领全国人民推进的中国特色社会主义事业，是一项崭新的事业，没有"先生"可问，没有"先例"可循，没有"先验"可鉴，只能"摸着石头过河"，边摸索边总结边发展。

16 日，陈云在中央工作会议上说："改革固然要靠一定的理论研究、经济统计和经济预测，更重要的还是要从试点着手，随时总结经验，也就是要'摸着石头过河'。"邓小平对此深表赞同。显而易见，这里的所谓摸石头，实际上是摸经验和规律，这已成为党和国家推进改革开放和现代化建设事业的重要方法。正如习近平总书记 2012 年 12 月指出的："摸着石头过河，是富有中国特色、符合中国国情的改革方法。摸着石头过河就是摸规律，从实践中获得真知。"

（三）成功经验与失败经验

怎样才能成功？这是一个古老的话题，这些年讨论得尤其热烈，各种介绍成功的文章、书籍比比皆是，推出的成功典型不计其数，令人眼花缭乱。怎样对待这些成功典型及其成功经验呢？有这样一句话："成功典型不可复制，成功经验可以学习。"这是有道理的。但这并不妨碍我们学习成功典型的成功经验，进而创造属于自己的成功。总结和运用成功经验的意义，恰恰就在于此。社会总是前进的，成功典型必须与时俱进，不断丰富发展经验，这样的典型及其经验才有生命力。20 世纪 60 年代初，浙江省诸暨县枫桥镇的干部群众创造了"发动和依靠群众，坚持矛盾不上交，就地解决"的枫桥经验。1963 年毛泽东批示，"要各地仿效，经过试点，推广去做"。枫桥由此成为全国政法系统的先进典型，枫桥经验推广到全国，促进了各地的稳定发展。难能可贵的是，改革开放后，枫桥经验得到继承和发展，赋予了"党政动手，依靠群众，预防纠纷，化解矛盾，维护稳定，促进发展"的时代内容，继续发挥了在全国的示范引领作用。

诺贝尔奖获得者、著名经济学家丹尼尔·卡尼曼研究发现，人们失去一样东西带来的痛苦程度，远远大于得到这样东西的愉悦程度。这对我们总结和运用成功经验与失败经验意味着什么呢？现实生活中，由于各种原因，人们往往喜欢总结成功经验而不太重视总结失败经验，即使总结也是轻描淡写。其实成功的经验是一种财富，能给人启发；失败的经验同样是一种财富，并且其借鉴作用往往比成功经验更刻骨铭心。这也正是卡尼曼的发现给我们的启示。人们的实践情况也确是如此。1956 年党的八大后，我们党在领导全面建设社会主义事业过程中，缺乏经验，走了弯路，主要是教条地理解马克思主义关于社会主义基本特征的论述，在生产资料所有制形式上坚持"一大、二公、三纯"，在分配方式上搞平均主义大锅饭，在经济体制上搞高度集中的计划经济，其结果是严重迟滞了生产力的发展，人民生活水平普遍很低，没有体现出社会主义制度应有的优越性。特别是我们党对我国社会主要矛盾的认识发生了严重偏差，在指导方针上强调"以阶级斗争为纲"，错误地发动了导致十年内乱的"文化大革命"，使国民经济几乎到了崩溃的边缘，留下了极其惨痛的教训。"文化大革命"结束后，以邓小平为主要代表的中国共产党人，正是在总结这些失败经验的基础上，做出了以经济建设为中心，将党和国家工作重点转移到现代化建设上来的重大决策，使我国进入了改革开放和社会主义现代化建设新时期，取得了举世瞩目的伟大成就。对"文化大革命"失败经验的警示作用，邓小平曾有过深刻论述："我们根本否定'文化大革命'，但应该说'文化大革命'也有一个'功'，它提供了反面教训。没有'文化大革命'的教训，就不可能制定十一届三中全会以来的思想、政治、组织路线和一系列政策。"

（四）具体经验与基本经验

任何事物都是特殊性与普遍性的辩证统一：一方面，普遍性寓于特殊性之中，并且通过特殊性表现出来，没有特殊性就没有普遍性；另一方面，特殊性也必然与普遍性相联系而存在，并且在一定条件下相互转化。运用特殊性与普遍性原理指导总结经验，就是既要重视总结运用具体经验，又要重视在具体经验基础上总结运用基本经验，还要重视在基本经验指导下总结运用具体经验。

所谓"具体经验"，就是一人、一事、一处的特殊经验。这种特殊经验，对于此人、此事、此处具有特殊指导意义，不应因其是"个别"而被忽视。人们常说，一把钥匙开一把锁。这种具体经验，就是打开此人、此事、此处之"锁"的那把"钥匙"。2008年西藏拉萨"3·14"事件发生后，中共中央召开第五次西藏工作座谈会，科学分析了西藏面临的主要矛盾和特殊矛盾，主要矛盾同全国一样，是人民群众日益增长的物质文化需要同落后的社会生产之间的矛盾，特殊矛盾则同全国不同，是西藏各族人民群众同达赖分裂势力之间的矛盾，并在此基础上明确了西藏当时和今后一个时期的主要任务是，实现跨越式发展和长治久安。实践证明，党中央的这个科学判断和战略决策是完全正确的，对实现西藏的发展稳定发挥了重大指导作用，并成为做好西藏工作的宝贵经验。

所谓"基本经验"，就是具有全局意义的普遍经验。具体经验是基本经验的基础，基本经验是对具体经验的概括。1978 年，安徽凤阳县小岗村 18 户农民分田到户的改革性尝试及其成功经验，点燃了全国"大包干"的"星星之火"，最终形成在全国推行农村家庭联产承包责任制的"燎原之势"，成为我国农村改革的基本经验。

三、努力把握总结经验的经验

总结经验看起来简单，听起来不难，但要正确总结经验，总结正确的经验，就必须把它当成一门学问，认真加以研究，尤其要努力学习借鉴前人总结经验的经验。

（一）总结经验魂在科学

凡是去过秘鲁的人，都会对昔日印加帝国的败亡感到不可思议。印加帝国是 11—16 世纪南美洲的古老帝国，鼎盛时期国土面积 200 多万平方公里，人口 200 多万，精锐部队 8 万余人。但 16 世纪 30 年代初，西班牙弗朗西斯科·皮萨罗率领一支仅有 160 多人的远征军，就打败了泱泱帝国。其中关键的卡哈马卡之战，不仅杀死 7 000 多印加士兵，还生擒了阿塔瓦尔帕皇帝。人们除了震惊，更多的是疑问，这是为什么？历史学家认为原因是多方面的，但更为要紧的是，基于两国科技、经济、军事发展水平之上的武器装备方面的巨大差距：西班牙远征军使用的是战马、枪炮，属于热兵器，而印加军队使用的是连冷兵器都很难算上的棍棒、石头、弹弓等。谈这段历史，同总结经验有关吗？有。总结经验是以加工分析为特征的思维活动，离不开掌握的材料，离不开人的分析能力，也离不开使用的分析工具，其中最重要的是用于指导总结经验工作的理论武器。使用的理论武器不同，面对相同的实践，得出的结论可能大相径庭。

人类社会发展到今天，我们有了许多管用的理论武器，但能够称得上指导思想的唯有马克思主义。这也正是 1999 年英国广播公司发起的"千年思想家"评选活动中，马克思力压爱因斯坦、牛顿、黑格尔、康德等人位列第一的原因。马克思主义具有科学性，占据着真理的制高点。因此，要在总结经验过程中，自觉运用马克思主义这个科学武器，努力正确地总结经验，总结正确的经验。

（二）总结经验根在实践

实践是经验的唯一源泉。没有丰富的实践，没有丰富实践基础上的丰富材料，就总结不出经验，更总结不出好经验。曾经听过这样一则笑话。有一个秀才为写不出文章发愁，他的妻子问他："你写文章比我们女人生孩子还难吗？"秀才回答："当然难，你们女人生孩子是因为肚子里有孩子，可是我肚子里什么都没有，怎么写得出来呢？"这可以叫作"秀才难为无材之文"。

实践材料的收集要把握三点。一是材料要全，无论是点上的、还是面上的，无论是成功的、还是失败的，无论是口述的、还是书面的，等等，要应收尽收、能收就收，尽可能多地占有材料，防止盲人摸象，以偏概全。二是材料要准，道听途说的要甄别，有水分的要挤出去，虚假的要剔除，防止以假乱真，影响结论。三是材料要新，尽可能是新的进展、新的情况、新的数据，防止明日黄花，落后形势。

（三）总结经验重在研究

总结的过程就是研究的过程，因而总结经验不是"收购站"而是"加工厂"。并且这种加工不是"贴牌生产"，而是自主创新。创新是研究的本质，如果研究了半天，说的还是了无新意的老话，这种研究就失去了意义。而要说新话，就有可能说得不准，这在研究中是难免的，也是允许的。

（四）总结经验贵在及时

实践永远处于不断发展变化之中，总结经验必须紧跟实践。如果说实践是形的话，经验就是实践的影，总结经验相较于实践发展必须是如影随形、形影不离。邓小平说过，我们的开放、改革是很不容易的事情，每走一步都要总结经验，这样做就可以避免小错误变成大错误，小问题变成大问题。

创新性研究是一项艰苦的脑力劳动，偷不了懒，要不了滑，取不了巧，必须老老实实对收集的丰富材料细研深究，条分缕析，稳综慎合，提炼出新的经验。

无论做什么工作，都要树立强烈的总结意识：取得成绩要趁热打铁，及时总结，再接再厉；犯了错误，要亡羊补牢，随时反思，以利再战。《长征组歌》中有一些很多人耳熟能详的歌词："四渡赤水出奇兵""调虎离山袭金沙，毛主席用兵真如神。"但这神来之笔，却与及时总结此前土城战役失利经验有关。土城战役是 1935 年 1 月遵义会议后，毛泽东重回红军领导岗位指挥的第一个战役，但由于情报失误等原因而失利。毛泽东紧急提议召集中央政治局的几个同志开会，及时总结了这次战役失利的经验，放弃了北渡长江的计划，四渡赤水，迅速转向川滇黔边境国民党军设防空虚的云南扎西地区集结，跳出了国民党军的包围圈，为夺取红军长征胜利奠定了基础。

（五）总结经验要在求实

总结经验是用来指导实践、推动工作的，必须实事求是，有一说一，有二说二，否则会酿成严重后果。1957 年冬，河北省徐水县组织全县 10 万多民工治山、挖渠、打井，实现了农田水利化，引起了中央和毛泽东的重视，"徐水县的经验普遍推广"。但在接下来的"大跃进"运动中，徐水县这个出经验的典型，却严重弄虚作假，导致其创造的所谓新鲜经验有了很大水分。比如，1958 年 8 月，毛泽东亲自到徐水视察，县委主要领导汇报称全县夏秋两季粮食平均亩产 2 000 斤，其实上一年平均亩产刚刚过了 138 斤。毛泽东担心徐水的粮食多得吃不了，实际上 1959 年全县百姓就吃糠咽菜了。徐水县的浮夸做法引起了群众不满，也引起了毛泽东的警觉。1958 年 10 月，他在同河北省主要领导谈到徐水经验时说，"不实事求是"，"要告诉县里，叫他们不要搞这么一套，不要弄得好像什么都好"，从而否定了徐水后来的经验。

这启示我们，总结经验不能为了邀功讨好、哗众取宠，搞"吹气球"式的总结，把正在干的说成完成的，把小的吹成大的，把没有的说成有的；不能为了避重就轻，逃避责任，搞"打手电"式的总结，只照他人不查自己，只论客观不讲主观；也不能单纯为了好看、好听，搞"花架子"式的总结，编漂亮句子，做华丽文章，文不载道，空洞无物。

四、运用经验并不比总结经验容易

现实工作中经常会有这种情形：同一条经验在不同地区、不同单位、不同人群中推广，效果却有所不同，甚至有很大不同。这意味着，总结经验不易，运用经验同样不易，总结和运用经验都有很大的学问。

（一）运用经验要防止陷入经验主义

没有经验是不行的，但经验也不是万能的。《伊索寓言》中有一则"驮盐的驴"的故事：有一天，一头驴子驮了几袋沉甸甸的盐过河，不慎跌倒，站起来后惊奇地发现背上的东西轻了许多。改天，驴子又驮了几大袋棉花过河，并想起上次摔倒背上东西变轻的经验，便故意跌倒在河里，站起后发现背上的东西反而更重了。由此可见，任何经验都有一定的局限性。

这种局限性主要体现在三个方面：从对象上说，任何经验总是一定具体事物的经验，超越这个事物就不一定管用；从空间上说，任何经验总是一定范围的经验，超出这个范围就不一定适用；从时间上说，任何经验都是一定时期的经验，超过这个时期就不一定可用。如果不顾空间、时间和事物的变化，一味凭经验办事，就必然会出现上述寓言中驴子的失误。

这种看不到经验的局限性，过分地迷信经验，不恰当地夸大经验的作用，不顾条件运用经验指导工作的做法，就是经验主义。邓小平在1948年6月6日起草的《贯彻执行中共中央关于土改与整党工作的指示》中，专门分析了经验主义的危害。时任中共中央中原局第一书记的邓小平，首先分析了在中原解放区土地改革等工作中所犯的急性病错误，给根据地事业造成许多困难，然后指出了所犯错误的主要原因："我们一般地对于新区的复杂情况既不知道，进入之后又不研究，凭着老经验（而又忽视了最重要的抗日时期的经验）、老作风（而又抛弃了许多有用的好作风），盲目地乱干，这种恶劣的经验主义，使我们遭受了严重的损害。"

（二）运用经验切忌生搬硬套

中国有个成语叫"削足适履"，是说因为脚大鞋小，便把脚削去一块来适合鞋的大小。运用经验，特别是借鉴别人的经验，同样需要防止削足适履，不顾自己的具体情况，生搬硬套。

苏联曾经是世界上第一个社会主义国家，其革命与建设经验无疑是十分宝贵的，值得中国等社会主义国家学习借鉴。但我国在学习借鉴苏联经验过程中，就犯过削足适履、生搬硬套的错误，给革命和建设事业造成了严重损失。先是在新民主主义革命时期，照搬苏联十月革命城市武装暴动的经验，结果均告失败，证明此条道路在中国走不通。继而在新中国成立后，照搬苏联计划经济经验，结果如前所述，也遭受了严重挫折。

学习借鉴别人经验必须做好"结合"这篇文章，就是结合自己的具体实际，创造性地加以运用，努力形成自己的特色，有自己的一些东西。改革开放后开辟的中国特色社会主义道路，就是党带领全国人民，把马克思主义普遍原理、其他国家的经验与中国具体实际相结合的基础上走出来的。

实践证明，生搬硬套别人的经验，鲜有成功的例子，失败的例子却比比皆是。

（三）运用经验要辨识经验

东汉末年，曹操为了彻底消灭袁绍残余势力，打算北伐乌桓，并就此统一北方。鉴于乌桓地处偏远，长途征战困难重重，实无胜算把握，因而遭到许多将领和谋士的反对。但曹操力排众议，于公元207年亲率大军远征，大获全胜而归，并在征战途中写下了著名诗篇《观沧海》。曹操凯旋后，下令调查当初反对他攻打乌桓的人，吓得那些好心相劝的将领谋士惊恐万状，以为要受惩罚。但出乎所有人意料的是，曹操不仅没有惩罚，反而重赏了他们。曹操对此解释说："孤前者乘危远征，侥幸成功。虽得胜，天所佑也，不可以为法。诸君之谏，乃万安之计，是以相赏。后勿难言。"成功是由多种因素共同作用的结果。曹操北伐成功属于瞎猫碰上死耗子的侥幸成功，是偶然因素使然。这表明，成功的事并非都是正确的事，获得的经验也并非都是能够推广的经验。

因此，运用经验必须注意辨识经验，特别是不能简单地以成败论英雄，也不能简单地把偶然成功或失败的经验，当作普遍适用的成功经验或失败经验。否则，不加区别地盲目运用，前者很可能会导致失败，后者很可能会贻误成功。

（四）运用经验要力戒私心杂念

《红楼梦》里有这样一段文字："贾雨村断案时想，原来当官没有别的诀窍，无非是看脑袋指挥屁股，还是屁股决定脑袋。"后来，"屁股决定脑袋"成为中国的一句俗语，意思是说坐在什么职位上，脑子里就会有什么样的想法。简言之，就是立场决定观点。我们常讲学习马克思主义要注意学习贯穿其中的立场、观点、方法，把立场放到了观点、方法之前，其道理盖同于此。

具体到运用经验，同样会受到立场的影响。由于立场不同，对同样的经验会采取不同的态度，有的可能积极学习借鉴，有的可能消极学习借鉴，有的可能拒绝学习借鉴，其效果自然会大不一样。日本这个国家有一点是值得称道的，就是重视学习借鉴先进国家的经验，唐代时日本曾派大量遣唐使来中国学习，近代主动进行明治维新，学习西方国家的经验，迅速进入世界强国之列。而清朝统治者站在维护封建专制统治立场上，拒绝从根本上学习借鉴先进国家的经验，最终在辛亥革命中垮台。

那么，是什么使立场具有如此"魔力"呢？其实就两个字——利益。因此，不仅总结经验，尤其是运用经验，一定要排除私心杂念，唯此才能正确运用经验，用好经验。

什么是问题
其实这本身就是一个问题

谈谈问题

　　春秋战国时期著名诗人屈原，曾写了一首名为《天问》的长诗，一口气问了包括天文、地理、人间在内的170多个问题。2 000多年过去了，尽管屈原所提问题不少已经得到解答，但人们并没有感觉到问题少了，相反有一种越来越多的印象。1919年，毛泽东仅就社会发问就提出了144个问题，并倡导成立问题研究会加以系统研究解决。100年后的今天，我国正在实现由站起来、富起来到强起来的历史性飞跃。但正如邓小平所预言的那样，发展起来以后面临的问题并不比没有发展起来时少。

　　怎么理解这种现象呢？我们考察历史很容易发现，人类社会出现后，犹如碰倒了问题的多米诺骨牌，老问题解决了又产生了新问题，当前问题解决了还有长远问题，局部问题解决了又面临着全局问题，等等。而人类社会就是在不断认识问题、解决问题中前进的，可以说，一部人类社会发展史就是不断认识问题、解决问题的历史。

一、辩证认识问题

什么是问题？其实这本身就是一个问题，而且是一个无法回避的难题。因为就此做出清晰界定，是辩证认识问题的前提。

问题尽管是个多义词，但基本含义主要有三种。第一种为要求回答和解释的题目，这是该词最早的含义。如晋代刘徽在为《九章算术》所作注本中写道："凡五县赋，输粟一万斛，一车载二十五斛，与僦一里一钱，欲以县户输粟、令费劳等，各县粟几何？"第二种为需要研究讨论并加以解决的矛盾、疑难，这是近代才有的含义。如严复在《法意》中写道："故为政有大法，凡遇公益问题，必不宜毁小己个人之产业，以为一群之利益；亦不宜另立国律，使有侵损，如巧立名目者之所为。总之，凡国民产业之事，必以民律论之，而民律者，国民产业之金汤也。"第三种指事故或意外，失误或错误等，这是现代新增加的含义。如"这部汽车出问题了""这个人出问题了"。

马克思主义经典作家和我们党的领导人在谈到"问题"概念时，虽然在以上三种含义上都使用过，但更多的是在第二种含义上使用的，并且从不同角度给出了具体阐发。马克思从历史角度阐发了

"问题"概念，说："问题就是公开的、无畏的、左右一切个人的时代声音。问题就是时代的口号，是它表现自己精神状态的最实际呼声。"毛泽东则从哲学角度阐发了"问题"概念，指出："什么叫问题？问题就是事物的矛盾。哪里有没有解决的矛盾，哪里就有问题。"

综上，我们可以发现，无论是关于"问题"的三种基本含义，还是关于"问题"概念不同角度的阐发，都有其共同之处，或者说包括了几个要素：一是"问题"同人们认识和改造世界的活动有关，纯粹的自然界是无所谓"问题"的；二是"问题"同人们特定的认识和改造世界活动过程中当前状态与目标状态之间的差距有关，没有差距就构不成问题。据此，可以将"问题"界定如下：所谓"问题"，是指人们在具体认识和改造世界活动过程中，当前状态与所要达到目标状态之间的差距。

从这个界定可以看出，所谓发现问题，就是找出当前状态与所要达到目标状态之间的差距；所谓解决问题，就是缩小当前状态与所要达到目标状态之间的差距。

厘清了什么是问题后，我们来看这样一个问题："问题是好东西？还是坏东西？"相信有不少人会不加思索地选择后者。持这种看法的人，往往从消极的角度看待问题，或者把问题视为拦路虎，望而却步；或者把问题视为丧门星，尽量逃避；甚至把问题视为夺命符，悲观厌世。前几年，浙江杭州一对高级工程师夫妇，因为无法排解退休后生活空虚的问题，双双在家中自缢身亡。由此可见，看待问题的角度，决定对待问题的态度，影响解决问题的力度。当我们坚持唯物辩证法，全面认识问题，就会发现问题还有其积极的一面。而从积极的角度看问题，我们可以得出相反的结论：问题是个好东西。为什么这么说呢？

> 通俗地说，人们都是吃问题饭的，没有问题就没有饭吃。

（一）问题就是努力的方向

什么是工作？在一定意义上说，工作就是解决问题，没有问题就没有必要工作。因此，找到了问题，就明确了工作的目标，明确了面临的任务，明确了努力的方向。

中国共产党成立后首先面临的是使中国站起来的问题，决定了党的任务是进行新民主主义革命，推翻帝国主义、封建主义、官僚资本主义三座大山，建立新中国；新中国成立，特别是十一届三中全会后，面临的是富起来的问题，决定了党的任务是进行社会主义改造与建设，实行改革开放，全面建成小康社会；进入中国特色社会主义新时代面临的是强起来的问题，决定了党的任务是把我国建设成为富强民主文明和谐美丽的社会主义现代化国家，实现中华民族伟大复兴的中国梦。正如习近平总书记指出的："我们中国共产党人干革命、搞建设、抓改革，从来都是为了解决中国的现实问题。"

（二）问题就是潜在的成绩

什么是成绩？在一定意义上说，成绩就是解决问题后的结果。这意味着，问题越多，解决问题后获得的成绩越多；问题越大，解决问题后获得的成绩越大。

德国数学家希尔伯特 1900 年在巴黎数学家大会上做了题为《数学问题》的报告，强调："只要一门科学分支能提出大量的问题，它就充满生命力；而问题的缺乏，则预示着独立发展的衰亡和终止。"基于对问题地位作用的认识，他在这篇报告中提出了数学领域最重要的 23 个问题，供世界各国数学家们去研究，这就是著名的"希尔伯特问题"。这些问题从提出那天起，就引起了全球数学家的重视和研究，目前有些问题已经解决，结出了累累硕果；有些问题尚在研究之中，但已经取得了重要的阶段性成果；有些问题虽然被否定，却由此打开了一门科学新的研究途径。总之，对希尔伯特提出的 23 个问题的研究，极大地推动了数学这门科学的发展。鉴于希尔伯特问题对世界数学发展的巨大推动作用，1976 年国际数学家们专门撰写了一本文集，其书名就是《希尔伯特问题引起的数学发展》。

值得一提的是，希尔伯特问题同样引起了我国数学家的关注，并促进了我国数学的发展。希尔伯特提出的第 8 个问题是素数分布问题，包括哥德巴赫猜想和孪生素数问题。我国数学家陈景润在解决哥德巴赫猜想问题上取得的成绩目前仍然是世界领先，而华人数学家张益唐则在孪生素数问题上做出了突破性贡献。

（三）问题就是成长进步的载体

先看一个故事。奥地利人维特根斯坦曾是英国剑桥大学著名哲学家穆尔的学生。有一天，同在该校任教的著名哲学家罗素问穆尔："你最好的学生是谁？"穆尔毫不迟疑地回答："维特根斯坦。"罗素又问："为什么？"穆尔说："因为在所有学生中，只有他一人在听课时总是露出一脸茫然的神色，而且总是有问不完的问题。"后来，维特根斯坦的名气超过了罗素。有人问维特根斯坦："罗素为什么落伍了？"维特根斯坦说："因为他没有问题了。"这个故事告诉我们这样一个道理，人们是在解决问题的过程中进步的。因为解决问题的过程，就是增长知识的过程，就是提高本领的过程，就是日益成熟的过程。

一个人的成长进步是如此，一个单位、一个政党、一个民族、一个国家何尝不是如此呢？我们党在近百年的发展过程中，碰到来自党内党外、国内国外数不清的问题，正是在破解这些问题的过程中，经受了历练和锻炼，逐渐成长为伟大的马克思主义政党，领导人民不断走向新的胜利。

二、正确对待问题

问题出现后，既有怎么看待的问题，也有怎么对待的问题，而怎么对待的问题，实际上就是对待问题的态度问题。

毫无疑问，我们应当对问题采取正确的态度，就是勇于直面问题，深入分析问题，有效破解问题。在这个方面，以习近平同志为核心的党中央树立了典范。改革开放后，我国经济社会发展成就巨大，但也产生了腐败现象日益严重等突出问题。如何破解这个难题？党的十八大以来，以习近平同志为核心的党中央直面腐败沉疴顽疾，以壮士断腕的钢铁意志向腐败宣战，并且坚持"既拍苍蝇又打老虎"，其中仅十八届中央委员会就处理省部军级等党员干部和其他中管干部440人，包括原十七届中共中央政治局常委周永康等"特大老虎"，取得了反腐败斗争的压倒性胜利，在中国乃至世界反腐败史上写下了重要篇章。

> 这个心、那个心，最重要的是责任心；这个度、那个度，最重要的是态度。

怎么才能做到正确对待问题呢？既要辩证认识问题，又要把握问题特性。一是客观性。问题是客观的，不论你发现没发现，喜欢不喜欢，面对不面对，它都是真实存在的。二是变动性。问题不是固定不变的，它会随着条件的变化，或由小问题演变为大问题，或由简单问题发展为复杂问题，或由局部问题发展为全局问题，或由易解问题发展为难题等。三是复杂性。许多问题都不是孤立存在的，而是相互联系、相互影响，甚至相互转化的，形成了问题堆，排成了问题链。

强调正确对待问题是有针对性的，因为社会

上还有不少人由于看不到问题积极的一面，不了解问题的特性，因而不能对问题采取正确的态度，产生了严重后果。

（一）看不到问题是最大的问题

尽管问题的存在不以人的意志为转移，但有的人习惯看事情只看好的一面，口中无"问"，心中无"题"，自然看不到业已存在的问题。有的人虽然具有问题意识，但缺乏发现问题的本领，因而同样会出现问题就摆在那儿，却视而不见的情况。看不到问题的直接后果是不能将问题消弭在萌芽状态，导致问题野蛮生长，最后发展为自身难以解决的大问题。

《韩非子·喻老》中讲的蔡桓公讳疾忌医的故事，就很说明问题。有一次，名医扁鹊去拜见蔡国国君桓公，发现蔡桓公皮肤上有病，便劝其赶快医治，否则病情还会发展。蔡桓公却说："我没病。"等扁鹊走了以后，蔡桓公对身边的人说："这些医生就喜欢医治没病的人，把这当作自己的功劳。"过了十天，扁鹊拜见蔡桓公说："您的病到肌肤了，不治就会进一步加深。"蔡桓公不理睬。十天后，扁鹊又见到了蔡桓公，告诉他病已转移到肠胃了，如果不赶紧医治，恐怕来不及了。没想到蔡桓公非但不治，还表现出一副很不高兴的样子。又过了十天，扁鹊见到蔡桓公一言不发，转身就走了。蔡桓公觉得奇怪，派人去问扁鹊怎么回事，扁鹊告诉来人，蔡桓公的病已经深入骨髓，无法医治了。不久，蔡桓公浑身疼痛，便想起了扁鹊的话，赶快派人去找，但扁鹊早已逃到别国去了。没过多久，蔡桓公就死了。

（二）逃避问题是最可怕的问题

鸵鸟有一种习性，当遇到危险时，就会将头钻进沙子里，身体缩成一团，以为这样就安全了。其实，人类中也有这样一种人，当问题出现后不敢正视，更不敢迎击，而是采取逃避的态度和做法，以为可以一逃了之。因为这种人采取的态度和做法与鸵鸟相似，故被称为"鸵鸟心态"和"鸵鸟政策"。

大量事实警示人们，出现问题并不可怕，可怕的是逃避问题。因为逃避问题并不能解决问题，甚至不能缓解问题，只会使问题更趋复杂，成为前进道路上的更大障碍。况且，躲得了初一，躲不了十五，问题摆在那儿，人们迟早还得面对，而那时解决可能要付出成倍的努力。当然，有的问题由于解决时机不成熟，暂时放一放，则不属于逃避问题的范畴。

（三）掩盖问题是最不可饶恕的问题

问题出现后，有的人为了一己私利，不抓住时机及时解决，反而想方设法隐瞒真相，结果问题越出越多，危害越来越大。前些年，一些地方频频出现矿难问题，有的不法业主封锁消息，导致被困人员得不到及时救助，给人民生命财产造成重大损失。2001年7月17日，广西南丹发生81人死亡的特大矿难，而南丹县委书记万瑞忠竟伙同矿主对矿难隐瞒不报，在社会上造成了极其恶劣的影响，人民法院以受贿罪、妨碍作证罪判处其死刑。掩盖问题属于错上加错，错上加罪，导致问题的性质发生变化，造成的后果更加严重，是最不可饶恕的问题。

三、善于发现问题

发现问题、提出问题是分析问题、解决问题的逻辑起点。不能发现和提出问题，所谓分析和解决问题就无从谈起。马克思说："对于一个时代来说，主要的困难不是答案，而是问题。"爱因斯坦也曾深有感触地说："提出一个问题，往往比解决一个问题更重要。"那么，怎样才能发现和提出问题呢？

（一）强化问题意识和思维

只有具有强烈的问题意识，才能盯住问题、找出问题、提出问题，否则，即使问题迎面走来，也可能擦肩而过。1890年，美国物理学家古德斯比德在做阴极实验时，无意中拍摄了人类第一张X射线照片，但他并没有觉察到这里面有什么新的问题，便将那张照片扔进废相片堆里去了。5年后的1895年，德国物理学家伦琴也无意中拍摄到了X射线照片，并认为这是阴极射线理论所不能解释的重大问题，据此深入研究发现了X射线，并使之得到广泛应用。

很多问题，特别是有价值的重大问题，并不是轻而易举就能发现和提出的。因此，做到善于发现和提出问题，既要强化问题意识，还要强化问题思维。常见的问题思维主要有以下几种：

一是怀疑思维。中国有句古话："于无疑处见疑，方是进矣。"西方有句谚语："怀疑是智慧之母。"讲的都是怀疑的重要意义。怀疑对于发现和提出问题的作用更直接，意义更大，因为许多问题的发现和提出都源于怀疑。哥白尼正是对"地球中心说"产生怀疑，才创立了"太阳中心说"。以毛泽东为主要代表的中国共产党人，正是对照搬俄国十月革命中心城市起义模式提出质疑，才逐渐形成了农村包围城市的思想，并指导中国新民主主义革命取得胜利。

二是求异思维。创新对人类社会发展的重要性不言而喻，但创新大多是建立在求异思维基础之上的，没有求异，难有创新。而求异，首先是求问题之异。因此，求异思维有助于人们发现和提出问题，并通过对问题的破解，形成创新成果。

三是逆向思维。这是一种对司空见惯的似乎已成定论的东西反过来思考的一种思维方式。实践中常有这种情况，许多按正向思维不易发现的问题，按逆向思维就可以看出问题，从而发现似乎不是问题的问题。对于树上苹果掉到地上这种现象，人们早已习以为常，并认为理所当然，根本没有想到这里面有什么问题。而英国人牛顿从相反的方向思考这种问题，提出苹果为什么不往天上掉的问题，并通过对这个问题的研究发现了万有引力定律。由此可见，怀疑思维、求异思维、逆向思维有助于人们发现和提出问题，可以说是问题的"助产婆"。

（二）深入实际发现问题

需求是产生问题的总根源，这决定了要发现因需求产生的各种问题，就必须深入社会生活。1894 年美国加利福尼亚发现金矿后，成千上万的人涌向那里，出现了近乎疯狂的淘金热。由于淘金劳动强度大，衣服极易磨损，希望得到经磨耐穿的衣服成为淘金者普遍关心的问题。敏锐的德裔犹太人利维·斯特劳斯在与淘金者接触过程中发现了这个问题，于1853年制作了世界上第一条帆布牛仔裤，满足了淘金者的需求，后来用帆布制作的时装风靡全球。

深入社会生活中调查研究，发现和提出问题并非易事。调查者与被调查者实际上面临着双向调查，调查者要向被调查者了解情况和问题，被调查者也要了解调查者的意图，以此决定是否反映情况和问题。如果被调查者认为反映情况和问题对自己不利，则可能少反映或不反映。如何才能了解到真实情况和问题呢？无论干什么事情，做什么工作，都至少需要三种基本力量去推动，即利益的力量、真理的力量、情感的力量。要从调查对象那里了解真实情况和问题，同样离不开这三种力量，努力做到给之以利、晓之以理、动之以情。毛泽东是调查研究的楷模。他在1941年写的《关于农村调查》一文中，讲了自己在兴国开展调查的事例。为了使顾虑重重、不肯讲话的农民讲真话，他首先讲清意图，使之明白这次调查对他们有利；然后努力同他们做朋友，使之能敞开心扉；继而和农民朋友同吃同住，从而了解到大量真实情况和问题。

（三）建立健全有利于发现和提出问题的体制机制

能不能发现和提出问题，既同有无问题意识和思维有关，也同调查研究能力有关，还同所处环境有关。如果大环境是报喜得喜，报忧（问题）得忧，就会阻碍人们发现和提出问题；相反，如果报喜得喜，报忧（问题）亦得喜，就会使更多的问题被发现和提出，进而得到研究和解决。

"我们本身对山地作战思想认识不足，不敢实行大胆迂回包围的一点两面战术。对山地防御敌人，初期是尖刀式进攻……进攻九岭打的是笨仗，自己消耗不少，俘敌只有十余人，且增加部队疲劳，前进受阻。这说明当时对敌人特点没有摸到，地形没有很好地调查研究。"这是 1949 年 9 月 5 日解放军第 40 军党委写给上级的"作战检讨"的部分内容。在不知情者看来，这篇"检讨"一定是打了败仗所写，其实事实并非如此，这是该军参加著名的宜沙战役和湘赣战役，打了大胜仗后写的。打了胜仗后，部队勇于揭短亮丑，这是战争年代解放军的一种习惯，也是一种重要制度。解放军档案馆馆藏的革命历史文献中，仅标题中带有"检讨"字样的就达 2 200 多份。正是这种发现和提出问题的习惯和制度，保障了人民军队无往而不胜。

四、认真研究问题

在破解问题的链条中，研究问题上承发现问题环节，下启解决问题环节，处于十分关键的地位。

列宁在《共产主义》一文中批评匈牙利共产党员库恩·贝拉时写道："他忽略了马克思主义的精髓，马克思主义活的灵魂：对具体问题作出具体分析。"列宁的这段话，揭示了具体问题具体分析是马克思主义活的灵魂，也指明了研究分析问题的基本方法。世界上充满矛盾和问题，而每一事物的矛盾和问题又各具特点，这就要求我如何『研』到点子上，『究』到关键处，直接决定着破解问题的成效。

们必须坚持具体问题具体分析，分清问题的性质和特点，产生的原因和症结，制订出解决问题的具体方案。具体说来，要在以下几个方面着力：

（一）精心筛选问题

《列子·天瑞》中曾讲了一个杞人忧天的故事。杞国有个人总是担心天会塌、地会陷，自己无处依托，便食不下咽，寝不安席。这个杞国人担忧的天塌地陷问题不是一个具有现实性的问题，无疑不宜作为重点关注的问题。

这个故事启示我们，面对业已发现的成堆问题，不能眉毛胡子一把抓，必须精心筛选。首先，要剔除伪问题和错误问题，排除类似杞人忧天那样的根本不是问题的问题，以免在这些没有意义的问题上浪费时间和精力。其次，要对有研究价值的问题进行分析梳理，区分出大问题与小问题、容易问题与困难问题、急迫问题与缓办问题、历史问题与现实问题、当前问题与长远问题、局部问题与全局问题、主要问题与次要问题、显性问题与潜在问题，等等。从中选择出迫切需要研究的、牵动全局的一个或几个突出问题，作为重点研究问题。最后，要对重点问题进行分解，形成若干相互联系又各自独立的子课题，以利于对重点问题进行系统研究。

（二）全面分析问题

问题涉及多种因素，形成一个问题包，因而分析问题就是打开问题包，把各种因素都揭示出来。既要分析问题的性质，又要分析问题的特点，更要分析问题的原因，尤其要从众多原因中找出症结所在，因为原因和症结中往往蕴含解决问题的办法，所谓"对症下药"说的就是这个道理。

"文化大革命"结束后，以邓小平为主要代表的中国共产党人，正是在深入分析十年内乱问题成因的基础上，果断做出停止使用"以阶级斗争为纲"的口号，把党和国家工作重点转移到社会主义现代化建设上来的战略决策，开启了改革开放和社会主义现代化建设新时期。

（三）提出解决问题的方案

在很多情况下，调查研究的过程，既是发现问题的过程，也是发现解决问题措施的过程。因此，要在认真分析调查研究获得的典型经验和有效做法的基础上，将其上升为可以普遍推行的举措，纳入解决问题的方案之中。

一般说来，解决问题的方案应当具有可行性、选择性和前瞻性。所谓可行性，就是解决问题的方案符合实际，能够做得到、行得通。许多解决问题的方案都有可行性论证环节，目的就是要确保该方案能够得到落实。前些年，有的专家学者为解决我国西部地区少雨干旱问题，曾提出将喜马拉雅山脉炸出一个大口子，使印度洋暖湿气流得以流入的方案，就被认为是不可行方案，至少在当前和相当一个时期内是不可行方案。所谓选择性，是指一个问题会有多种解决方法，因而有必要形成多个具体方案，以供决策参考。所谓前瞻性，是指像下棋一样，应该多看几步，看看采取新的措施后有可能出现的潜在问题，以及如何解决这些潜在问题，在方案中应该有所体现。

五、努力解决问题

解决问题是发现问题、研究问题的出发点和落脚点。问题发现了，研究了，办法有了，方案有了，并不等于问题解决了。解开这个不等式的关键是行动起来，落实方案，解决问题。所以，马克思特别强调："一个行动胜过一打纲领。"毛泽东则形象地说："扫帚不到，灰尘照例不会自己跑掉。"习近平总书记也指出："一分部署，九分落实。"解决问题是一个系统工程，这当中有几个具体问题要处理好。

（一）谁来解决

这涉及的是解决问题的责任主体问题。我国有这样一句俗话："一个和尚挑水吃，两个和尚抬水吃，三个和尚没水吃。"专家学者对这种现象给出的解释是，责任分散所致，因此他们也将此称为"责任分散效应"。这说明了一个深刻的道理，如果责任不明确的话，任务就无法落实，问题就不能解决。所以，落实解决问题的方案，首要的是组成专门团队，明确责任主体，包括谁牵头，谁参与，谁协助，都要明确具体。

（二）能否解决

这涉及的是验证解决问题的方案是否可行的问题。经验表明，凡属涉及面比较广的重大问题解决方案，一般都要先试点、再推开。试点既是对解决问题方案的验证，也可以发现其中的不足予以完善，发现有重大缺陷时则予以废止，这样可以防止盲目推开造成的损失。2018年3月召开的十三届全国人大一次会议，就在全国普遍设立监察委员会问题做出了决定，而在这之前先在北京、山西、浙江进行了试点，取得了经验，完善了方案，为在面上推开创造了条件。

（三）何时解决

这涉及的是解决问题的时机问题。我们都知道火箭、卫星等航天器发射是有窗口期的，错过了，就要耐心等待新的时机。解决问题也有窗口期，比如解决癌症问题，最佳窗口期是早期，如果能够早发现、早治疗，可以大大延长生存期。解决一些社会问题也是一样，萌芽状态是最佳窗口期，一旦错过，不但解决起来会成本大幅上升，甚至会出现积重难返、回天乏术的情况。当然，不同的问题有不同的最佳解决窗口期。因此，要研究把握不同问题的最佳解决窗口期，以便能够抓住并抓紧时机，把方案落实好，把问题解决好。

（四）解决了没有

这涉及的是督查解决情况的问题。在解决问题过程中存在这样一种情况，就是解决问题的团队组建了，试点搞过了，最佳时机清楚了，甚至该开的会开了，该发的文发了，最后就是解决问题的成效不彰。如何解决成效不彰的问题呢？很重要的一个方法就是加大督促检查力度。督查要坚持成效导向，将是否真正解决问题作为督查目标，解决问题好的，该表扬的表扬，该奖励的奖励；解决问题不好的，该批评的批评，该处罚的处罚。

犄角旮旯里都有创新
创新无处不在

谈谈创新

1962 年，日本学者汤浅光朝对 1501 年至 1950 年这近 450 年间的重大科学成果进行统计研究，把重大科学成果数量占全世界 25％以上的国家称为科学活动中心，把保持科学活动中心的时期称为科学兴隆期。由此他发现，近代科学活动中心在世界范围内发生了五次大的转移，其各自科学兴隆期分别为：意大利 1540—1610 年→英国 1660—1730 年→法国 1770—1830 年→德国 1810—1920 年→美国 1920 年至今。人们把科学史上的这种现象称为"汤浅现象"。科学活动本质上是创新活动。因此，"汤浅现象"实质上揭示的是科学创新中心的变迁。

科学技术作为第一生产力，其创新成果对经济社会各方面的影响是巨大的。同时，科学技术中国和世界历史充分证明，创新是人类进步的灵魂，是一个国家兴旺发达的不竭动力，也是一个政党永葆生机的源泉。

创新活动从来都不是孤立进行的，思想观念、体制机制等方面的创新往往是科学技术创新的重要条件。近代以来，意大利、英国、法国、德国和美国先后成为世界科学技术创新中心，离不开文艺复兴、启蒙运动带来的新思想新观念，离不开资产阶级革命成功创立的资本主义新制度。所以说，这些国家成为近代以来世界上最有影响的国家，是思想观念、社会制度、科学技术等多方面全方位创新的结果。换言之，这些最有影响力的国家，无一例外都是创新型国家。

中国的发展同样与创新密切相关。古代中国成为举世公认的强国，就是因为春秋战国时期形成了百家争鸣的局面，涌现出老子、孔子等一大批杰出的思想家，提出了影响深远的道家、儒家等新的学说，推动中国社会在世界上率先由奴隶社会向封建社会过渡，为科学技术创新提供了条件，出现了造福中国、泽被世界的"四大发明"，并使中国经济长期领先于世界各国。近代以来，中国之所以落伍了，很重要的一个原因，就是中国由创新型国家变为守旧型国家，无论是思想观念，还是社会制度，乃至科学技术，都没有跟上世界创新的步伐，其落后挨打也就不难理解了。新中国成立，特别是改革开放以来，在中国共产党的领导下，我们坚持解放思想、实事求是、与时俱进，进一步巩固了马克思主义的指导地位，进一步完善了中国特色社会主义制度，迎来了科学的春天，推动我国成为世界第二大经济体，中华民族伟大复兴中国梦的实现指日可待。

由此可见，一个民族要想跻身世界先进民族之林，就必须是创新型民族；一个国家要想走在世界前列，就必须是创新型国家；一个政党要想成为世界上有影响的政党，就必须是创新型政党。正因为如此，习近平总书记特别指出，"创新是第一动力"。

一、完善发展同样是创新

1904 年 4 月 30 日至 12 月 1 日，世界博览会在美国圣路易斯举行，吸引了来自世界各地的 1 900 多万名参观者，也给许多商贩提供了商机。来自西班牙的小贩哈姆威，获准在会场外摆摊出售薄饼。夏日的一天，和他相邻卖冰激凌的小贩生意火爆，很快就把装冰激凌的小碟子用完了。正当这位小贩为此犯愁的时候，热心的哈姆威把自己的薄饼卷成锥形，让他盛放冰激凌。这位小贩接受了哈姆威的好意，富有创意的薄饼冰激凌出现在顾客面前，并且得到普遍认可和喜爱。后来，人们又在薄饼冰激凌的基础上，创新发明了现在的蛋卷冰激凌。仅仅给冰激凌添加了一个薄饼，为什么就是创新？这对一向把创新看得很神秘的人们来说，无疑觉得不好理解。而破除创新神秘论，有必要先弄清创新的概念和类型。

"创新"一词，在我国由来已久。早在北齐史学家魏收所著《魏书》中，就出现了"创新"一词："革弊创新者，先皇之志也。"比《魏书》稍晚，由唐代史学家令狐德棻和李延寿分别撰写的《周书》与《南史》中，也出现了"创新"一词："自魏孝武西迁，雅乐废缺，征博采遗逸，稽诸典故，创新改旧，方始备焉。""今贵妃盖天秩之崇班，理应创新。"这说明，在南北朝时期，"创新"一词便在文中使用，至唐代已十分流行。这里的"创新"与"革新"意义接近，主要指改革制度。

在国外，美国经济学家熊彼特于 1912 年最先在德文版《经济发展理论》一书中提出了创新理论，并被认为是创新理论研究的鼻祖。但他主要是从经济角度，以企业为主要对象来研究创新问题的，并将"创新"定义为"新的生产函数的建立"。

那么，究竟什么是创新呢？有很多种解释，但基本内涵无非是抛开旧的，创造新的。如果从一般意义上下定义的话，可以这样说，创新是指人们为了满足需要，在已有条件下，突破旧的，创造新的物质和精神成果的活动。

创新的核心是"新"。正因为如此，很多人一提到创新，便想到飞机的发明、电脑的创造、广义相对论的提出，等等，因而不自觉地会有一种神秘感。产生这种现象的一个重要原因，是他们不太清楚创新的类型。从创新的基本内涵和定义出发，可以将创新概括为三种基本类型，第一种叫无中生有型，第二种叫灭中生有型，第三种叫有中生有型。

所谓无中生有型，就是原来没有，创出新的，属于发明创造。就交通工具而言，无论是从徒步到马车、牛车的发明，从泅水到船渡的发明，还是从马车、牛车到汽车、火车的发明，从汽车、火车到飞机、飞船的发明等，都是对先前交通工具的突破，属于整体的原创性重大创新。很多人觉得创新很神秘很难，其实指的主要是这种类型的创新。

所谓灭中生有型，就是抛弃旧的，创造新的，属于变革、革命。比如，从人类社会制度的演变来看，由原始社会进入奴隶社会，到封建社会，到资本主义社会，再到社会主义社会，都是废除了原来的社会制度，建立了新的社会制度。这种人类社会的制度创新，就属于灭中生有型创新。

所谓有中生有型，就是在原有基础上的完善发展，属于改进提高。1939 年，毛泽东最早提出统一战线是夺取中国革命胜利法宝的重要论断，这是党的统一战线理论的原创性成果。新中国成立，特别是改革开放后，邓小平、江泽民、胡锦涛又在毛泽东论断的基础上，提出统一战线不仅是夺取革命事业胜利的法宝，而且是夺取建设和改革事业胜利的法宝。尤其是 2015 年以习近平同志为核心的党中央制定印发的首部《中国共产党统一战线工作条例（试行）》，又进一步提出统一战线是夺取革命、建设、改革事业胜利的重要法宝，是增强党的阶级基础、扩大党的群众基础、巩固党的执政地位的重要法宝，是全面建成小康社会、加快推进社会主义现代化、实现中华民族伟大复兴中国梦的重要法宝，从而将党对统一战线法宝地位作用的认识提升到了新高度。这是对毛泽东、邓小平、江泽民、胡锦涛关于统一战线法宝思想的丰富发展，是十分重要的统一战线理论创新成果。

正确理解创新的概念和类型，还必须正确把握创新与继承的关系。继承是创新的基础，离开继承，创新就成了无源之水、无本之木。具体到三种类型的创新，都是建立在继承基础上的创新。有中生有型创新自不必说，它是在原有基础上的完善发展，继承在其中发挥着十分重要的基础性作用。灭中生有型创新中的抛弃，实际上是马克思、恩格斯所讲的扬弃，就是继承发扬原有事物、思想中的积极合理成分，抛弃否定消极、丧失必然性的因素，所以是发扬与抛弃的统一，继承与创新的统一。至于无中生有型创新，好像同继承关系不大，实则同样离不开继承。还以交通工具创新为例，从徒步到马车、牛车，到汽车、火车，再到飞机、飞船等都是原创性创新，但它们在解决创新关键问题上的思路都是一脉相承的，就是动力问题，徒步靠的是人力，马车、牛车靠的是畜力，汽车、火车、飞机、飞船靠的是蒸汽、汽油或者太阳能等提供的动力。

弄清了创新的概念、类型及与继承的关系后，我们再来看本节开头提出的问题（给冰激凌添加一个薄饼为什么是创新）就比较容易理解了。因为创新之"新"，是有程度之别的。整体创新是创新，部分创新也是创新；重大创新是创新，微小创新也是创新；原创是创新，完善也是创新。给冰激凌加一个薄饼，属于盛放冰激凌工具的创新（由小碟子改为薄饼），是一种部分创新、微小创新和完善创新。由此看来，创新还神秘吗？答案不言自明。

二、人人可以创新

不少人觉得创新很神秘，原因在于除了不清楚创新的内涵和类型，往往认为无中生有才是创新外，还觉得这不是一般人能干的事，总认为这是少数科学家、发明家、思想家才能从事的工作。其实，我们可以思考这样一个问题：科学家、发明家、思想家是怎么产生的？显然是先有了创新成果，后来才成了科学家、发明家、思想家。因此，他们在成名前大多也是普通人。1999 年，在人类即将进入新千年的时候，英国广播公司发起了评选过去一千年最伟大思想家活动，结果第一名是马克思，第二名是爱因斯坦，第三名是牛顿。而马克思在 1848 年与恩格斯合作发表科学社会主义奠基之作《共产党宣言》时，不过是一个 30 岁的有志青年；爱因斯坦 1905 年提出狭义相对论时，只是瑞士伯尔尼专利局的普通技术员；牛顿 1665 年发现二项式定理时，还仅仅是个学生。这启示我们，就创新主体而言，人人可以创新。

1949 年成立的新中国，是一片创新的热土，工农兵学商中都涌现出众多创新人物。1949 年 6 月青岛解放后，只上过三年小学的郝建秀进入青岛国棉六厂细纱车间，成为一名纺纱女工，并于 1951 年创造出通过减少皮辊花来提升纱件质量和数量的"郝建秀工作法"，在全国纺纱系统推广。1959 年，调任北京百货大楼糖果柜台售货员的张秉贵，为了减少顾客排队时间，练就了令人称奇的"一把准""一口清"技艺，并发明了"接一问二联系三"的工作方法，即在接待第一位顾客时，便问第二位顾客买什么，同时与第三位顾客打招呼，使接待一位顾客的时间由三四分钟减为一分钟以内，使得到他的接待服务成为一种享受，被誉为"燕京第九景"。1978 年，安徽凤阳小岗村 18 户农民在土地承包责任书上按下鲜红手印，率先实行家庭联产承包责任制，后经党中央充分肯定，这项农村土地责任制创新成果推广到全国，由此拉开了中国改革开放的序幕。2017年，《解放军报》报道了第16集团军某装甲旅士兵徐瑞福指导战士操作由他革新的校枪镜进行并列机枪射击，显著提高射击精度的事迹，而这不过是其45项创新成果之一。徐瑞福为提高部队训练水平做出了贡献，因此也被称为"战士发明家"。这几年，上海多次举办青少年科技成果展，甚至一些小学生都加入创新者的队伍，推出了创新成果，成为小小发明家。这些都一再说明，创新事业不是少数精英才能从事的事业，而是千万大众都可以参与的事业。

但人们或许还会提出这样的疑问：青岛国棉六厂那么多纺纱工，北京百货大楼那么多售货员，小岗村那么多村民，某装甲旅那么多战士，为什么恰恰是郝建秀、张秉贵、18户村民、徐瑞福获得了创新成果呢？这说明要成为创新型人才，需要具备一定的创新素质，其中最重要的有以下几个方面：

（一）增强创新意识

马克思说过，最蹩脚的建筑师从一开始就比最灵巧的蜜蜂高明的地方，是他在用蜂蜡建筑蜂房以前，已经在自己的头脑中把它建成了。马克思的比喻说明了一个深刻的哲学道理：社会存在决定社会意识，社会意识又对社会存在有反作用。这种反作用，具体就表现为人的行为受人的思想的支配。有人说，"不怕做不到，就怕想不到"，不一定全对。但是说，要想做到，先要想到，这是对的。因此，完全可以这样说，只有具备强烈的创新意识，才会有自觉的创新行动，进而才可能会有创新成果。否则，如果没有创新意识，即使偶尔有了创新机遇，也会视而不见，使创新成果与你擦肩而过。

众所周知，英国科学家弗莱明发现的青霉素，挽救了成千上万人的生命。早期的青霉素是从青霉菌中提取出来的，而青霉菌人们很早就注意到了。据说，早在中国唐朝，制衣裁缝就发现长了绿毛的糨糊，涂在被剪刀划破的手指上有消炎作用。千年以后，与弗莱明同时代的英国细菌学家斯科特，早于弗莱明发现了青霉菌，但他没有意识到青霉菌背后蕴藏的重大创新机遇，相反对它十分讨厌，认为青霉菌妨碍了他对细菌的研究，从而错失了近在咫尺的创新成果。

这里需要指出的是，问题是创新的逻辑起点，创新的过程实际上就是发现问题、研究问题、解决问题的过程，所以创新意识在一定程度上又体现为问题意识。

（二）积累创新知识

任何创新都是在已有条件下的创新，这个"已有条件"中最重要的就是一定的知识。可以说，具备一定的知识是创新的基础。有人会问，

> 创新的过程，实质上是大脑对已经掌握的信息即知识，进行复杂的加工创造的过程。

郝建秀只有小学三年级的文化水平，为什么能够创造出"郝建秀工作法"？实际上，郝建秀在进入青岛国棉六厂后就接受了为期三个月的专门培训，分到细纱车间后，她十分注意向有经验的工人师傅学习，甚至下班后也不回家，站在下一班老工人身边，虚心求教，加上她具有强烈的创新意识，刻苦钻研，才发明了操作方面的创新成果。但郝建秀十分清楚，要想在其他方面有更多创新成果，自身文化基础是远远不够的，因而从1954年至1962年，先后在中国人民大学速成中学和华东纺织工业学院学习了整整8年，为后来从事更重要的工作、做出更多的贡献奠定了文化基础。

随着社会的发展、分工的细化，要在有些专业领域获得创新成果，还必须具备该领域的专业知识，所谓"隔行如隔山"，讲的就是这个道理。为什么詹天佑能够成为"中国铁路之父"，钱学森成为"中国航天之父"，袁隆平成为"中国杂交水稻之父"……而不是其他领域"之父"，原因就在于此。因此，要想成为创新型人才，必须积累创新知识，尤其是相关的专业知识。并且，当今时代是知识爆炸的时代，必须树立不断学习、终身学习的观念，跟上知识更新的步伐，适应创新实践的需要。

（三）训练创新思维

创新成果的产生有赖于创新想法，而创新想法的形成则有赖于创新思维。所谓创新思维，就是人们在创造具有独特性成果的过程中，对事物的认识活动。创新思维不是先天具有的，而是后天习得的。培养创新思维，要抓住以下几个重要环节：

第一，突破思维定式。思维定式也叫作"惯性思维"，是根据思维活动中积累的经验教训，在反复使用中形成的定型化的思维模式。当环境发生变化时，思维定式会妨碍人们产生新的想法，是束缚创新的枷锁。据说法国的拿破仑被欧洲联军打败，被流放到遥远的圣赫勒拿岛后，朋友送给他一副国际象棋，并在棋子中藏了一份逃离该岛的路线图。但拿破仑从未想到会有这样的事情发生，因而至死也未发现这张图，思维定式使他失去了可能的逃跑机会。因此，要努力跳出固有思维模式，学会以创新的视角观察和分析问题，这是培养创新思维的前提。

第二，注重求异出新。创新思维的根本特征是"求异"，这已经成为众多善于创新者的共识。一次，有人问美国人工智能科学家明斯基："您总能在各种领域里想出很多引人入胜且能够引导新方向的思路，诀窍是什么？"他回答说："这很简单，只要反对大家所说的就可以了。大家都认同的想法，基本上都不太令人满意。"因此，在创新实践中，既不可人云亦云，亦不可人想亦想，有时只有"异想"才能"天开"，形成新的想法。

第三，熟悉常用方式。人们在长期创新实践中，形成了很多丰富管用的创新思维方式，其中比较常用的有简化思维、逆向思维、发散思维、联想思维、反差思维、转化思维等。这里所谓的逆向思维，就是正向思考不通时，从相反的方向思考问题，有时会收到奇效。意大利商人菲尔·劳伦斯采用限制进门销售策略，开办了儿童用品商店，规定大人进店必须有儿童陪伴，结果顾客盈门、生意红火，进而又推出了新婚青年商店、老人商店、孕妇商店等，都获得了成功。

（四）掌握创新方法和工具

我国科技部一项研究结果表明，众多诺贝尔奖获得者创新成功的关键因素有两个：一是科学仪器，二是科学方法。其中科学仪器是创新的硬件，科学方法是创新的软件。人类在创新实践中很早就注意到了创新方法的运用，但真正注意加以总结并上升到方法论的高度，则是现代的事情。1939 年，美国创造学家奥斯本首次提出了"头脑风暴法"，这实际上是集思广益的创新方法。1963 年，犹太裔英国科学家波普尔正式提出了"试错法"，这是一种近似于"摸着石头过河"的创新方法。其中影响最大的，是苏联发明家根里奇·阿奇舒勒 1946 年提出的萃智法。阿奇舒勒在个人研究的基础上，领导由数十家研究机构、大学、企业组成的团队，研究了数十万件科学发明专利，提出了这个"发明问题解决理论"，极大地推动了人类创新事业尤其是科技创新事业的发展。当然，我们在运用这些方法时，一定要区别自然科学、社会科学、思维科学的不同领域，结合自己的实际工作，选择合适的创新方法，这样才能事半功倍。随着社会的发展，创新工具在创新事业中的地位作用日益重要，特别是对人类目力不及的宏观宇宙和微观世界的研究，离开了科学工具简直寸步难行。这就要求我们在重视掌握创新方法的同时，必须重视掌握创新工具。毫无疑问，方法和工具也有个创新问题，要结合创新实践，不断完善发展。

（五）重视创新合作

1953 年，北京永定机械厂工人倪志福在传统麻花钻的基础上，经过反复研究试验，发明了高效、耐用、优质的"三尖七刃"钻头，其先进性得到世界公认。由于这项创新成果是以倪志福为主，在厂领导、同事和北京理工大学支持下完成的，因而被命名为"群钻"。这说明，创新既需要发挥个体的作用，也需要发挥群体的作用。特别是随着社会分工的细化，当代创新工作往往涉及众多领域、多个学科，必须加强多方面的团结协作，组成创新团队，才能多出创新成果。1990 年启动的人类基因组计划，其宗旨是测定组成人类染色体中所包含的 30 亿个碱基对组成的核苷酸系列，从而绘制人类基因组图谱，最终达到破译人类遗传信息的目的。这是一项规模宏大、跨国跨学科的科学探索工程，先后有美国、英国、法国、德国、日本和我国等十几个国家的众多科研人员参与，是重大的集体创新成果。在合作创新过程中，要注意及时解决可能出现的各种问题，特别是创新成果共享问题，防止因利益纷争而出现"人多力量不大"现象。

三、创新精神是创新人才的重要标识

美国著名心理学家霍华德·加德纳 1987 年公布了这样一个实验结果，在社会上引起了广泛关注。他让一名死刑犯躺在床上，并告诉他将被执行死刑，然后用手术刀的刀背在他的手腕上划了一下，接着把事先准备好的水龙头打开，让它向床下的一个容器里滴水，伴随着由快到慢的滴水节奏，那个死刑犯竟被吓得昏死过去。这个实验告诉人们，精神是人的支柱，精神垮了，人就垮了。毛泽东也曾说过，人是要有一点精神的。创新精神，是创新人才的精神之基和力量之源，也是其重要标识。因此，我们专门独立出一节，来讨论这个问题。

总结古今中外创新人才身上所体现出来的创新精神，可以发现是十分丰富的，其中最基本的有以下几条：

（一）敢于质疑的精神

有句哲言说得好，只有敢于说"不"，你说的"是"才更有价值。这对创新工作来说尤为重要。创新的特性是对旧的东西的挑战，因而必须敢于质疑原先的结论，提出新的看法。2019年，福州一位二年级小学生提出，语文课本里《羿射九日》中有描述不妥之处，前一段刚写明"江河里的水被蒸干了"，下一段又写道"他蹚过九十九条大河"，羿是怎么蹚的河？人民教育出版社回应承认，"蹚"字用得不恰当，会适当修改，同时肯定"这个孩子敢于质疑，提出了很好的问题"。

遗憾的是，这样的孩子还不多，这反映了我国学校教育中对质疑精神的培养是不够的。前几年，法国一位教育心理学家给中国小学生出了一道测试题：一条船上有86头牛，34只羊，问船长的年龄多大。有不少小学生给出了答案，86-34=52岁。对于这些中国小学生的回答，这位法国专家很惊讶，并对这些小学生进行了调查，发现原来这些小学生坚信老师出的题总是对的，总是有标准答案的。显然，改应试教育为素质教育，无疑是我国教育改革的重大任务，也是培养更多创新人才的必由之路。

（二）不惧失败的精神

创新事业是一项高失败率的事业，只有经得起挫折、受得了失败，才有可能成功。匈牙利人法卡为了证明欧几里得几何学第五公设（在同一平面内两条直线与第三直线相交，其中一侧的两个内角之和小于两直角，则那两条直线必在同一侧相交），耗尽了毕生心血，获得的却是一连串的失败。当他得知儿子波耶又迷恋上这项研究后吓坏了，在信中警告儿子说："它能剥夺你所有的闲暇，你的健康，你的休息，以及你一生的所有的快乐。这个无底的黑暗或许可以吃掉一千个灯塔一样的牛顿，而在大地上将仍不会有光明。"不过儿子没有听从父亲的警告，而是继续向无底的黑暗进军，并在经历许多失败后，终于在 1825 年发现，第五公设是不可证明的，由此引出一条相反的定理，即通过直线外一点可以做无穷多条与已知直线不相交的直线。他又从这一定理出发，推出了一系列定理，形成了一个新的几何体系，创立了非欧几何学。

值得重视的是，这些年我国家庭教育和学校教育中，挫折教育缺失严重，许多青少年心理脆弱，经不起挫折和失败，这是在创新人才培养中亟待改进的。

老生常谈

（三）精益求精的精神

创新是一项极为严谨的工作，容不得半点松懈和马虎，否则不仅可能丧失创新机会，还有可能酿成严重后果。英国科学家卡文迪许在空气成分实验中发现，除去少量水分、二氧化碳、氧和氮后，空气中似乎还有残余气体物质，但它们太少了，少到他认为不必计算，故名之为"杂质"。10年后，英国科学家瑞利在重做卡文迪许的实验时，对卡文迪许称为"杂质"、每升只有0.0067克的物质进行了分离，结果发现了物质元素的新家族——惰性气体，这在科学史上被称为"第3位小数点的胜利"。

1962年7月22日，美国发射的探测金星的"水手一号"探测器发生爆炸，造成了1 850万美元的损失，并使这项具有创新性的航天活动归于失败。据事后调查显示，导致这次失败的原因，竟是一位程序员在手抄控制火箭飞行的电脑程序时，省略了一个连字符号。

（四）拼搏奉献的精神

创新事业是一项充满风险挑战的事业，要甘于寂寞、甘于清苦、甘于奉献，有时还要甘于牺牲。我国著名数学家陈景润，身居斗室，默默钻研十几年，终于在1973年发表了著名论文《大偶数表为一个素数及一个不超过二个素数的乘积之和》（即1+2），把困扰数学界几百年的哥德巴赫猜想研究大大推进了一步，他的成果在国际上被命名为"陈氏定理"，其领先地位至今无人超越。但他因长期超负荷

208

工作，身体损害严重，1996年病逝时只有63岁。

四、创新无处不在

美国斯坦福大学生默巴克家境贫寒，主动承担了打扫学生公寓卫生的工作，以赚取微薄收入补贴学习之用。他在打扫公寓时，经常会在墙角和床铺下清扫出一些没人要的小额硬币。他觉得小额硬币白白扔掉是个问题，于是给联邦储备银行和财政部写信反映情况，但得到的答复是无能为力。这使他感到沮丧，但也让他看到了躺在犄角旮旯里的硬币所潜藏的商机。他在1991年毕业后创立了新颖独特的专门经营硬币的硬币之星公司，购买了自动换币机，安装在一些超市，顾客兑换硬币时他会收9%的手续费，所得利润公司与超市按比例分成。硬币之星公司的出现，既在一定程度上解决了先前一些小额硬币白白扔掉的问题，又大大方便了顾客和超市，因而生意十分红火，后成为上市公司，默巴克本人也因此成为亿万富翁。

默巴克的故事是耐人寻味的，表面上看是犄角旮旯里都有商机，商机无处不在，深层次看是犄角旮旯里都有创新，创新无处不在。有的人讲创新，往往想到的是科技创新，再扩大点范围是自然科学领域的创新，其实这是很不全面的。无论是自然科学领域、社会科学领域，还是思维科学领域，凡是人类社会实践涉及的地方，都存在创新的问题，都可以出创新成果。过去说，三百六十行，行行出状元。现在可以说，三百六十行，行行有创新。讲创新并不神秘，从创新客体来说，也是对的。

其实，人类社会发展到今天，已经远远超过了三百六十行。就大的领域划分来说，党的十九大报告提出，中国特色社会主义进入新时代。中国特色社会主义事业形成了"五位一体"的总体布局，即经济建设、政治建设、文化建设、社会建设和生态文明建设。加强创新与加快发展是密切相关的，一方面，"五大建设"中都有创新，另一方面，唯有创新才能推动"五大建设"发展。在这种意义上说，"五位一体"又与创新是一体的。正如习近平总书记所强调的，抓创新就是抓发展，谋创新就是谋未来，必须把创新摆在国家发展全局的核心位置。也正是基于对创新与发展关系的深刻把握，习近平总书记提出了适应新时代发展要求的新发展理念，即创新、协调、绿色、开放、共享，其中创新居于首要位置，这无疑对推动各建设领域创新提供了有力指导，也提出了更高要求。

（一）从经济建设领域创新看

经济建设是党和国家的中心工作，是推进其他各项事业发展的物质基础。这决定了经济建设领域是创新的战略重地。这些年，立足我国经济由高速增长阶段转向高质量发展阶段的新常态，围绕贯彻新发展理念，推进供给侧结构性改革，建设现代化经济体系，农业、工业、服务业创新齐头并进，形成了许多重大创新成果。

2017 年 5 月，来自"一带一路"沿线的 20 国青年评选出了中国的"新四大发明"，即高铁、扫码支付、共享单车和网购。尽管这四项实际上并非中国发明，但中国在推广方面领先则是不争的事实，而在推广过程中催生出许多完善性、配套性创新成果也是毋庸置疑的。比如建立在移动支付概念上的扫码支付，最早是1997年芬兰先行尝试的，该国电信部门启用了通过拨打付费电话号码，来操作点唱机和饮料自动售货机服务的业务。扫码支付传入我国后，无论在技术层面、使用范围方面等都有许多创新。特别是为了解决交易资金安全问题，进行了一系列管理创新，先是交给银行托管，后由中国人民银行成立"网联"统一管理，显著降低了支付风险，这为我国进入移动支付时代提供了保障。

（二）从政治建设领域创新看

政治是经济的集中体现，政治的核心问题是政权问题。我国是工人阶级领导的、以工农联盟为基础的人民民主专政的社会主义国家，国家一切权力属于人民。因此，我国政治建设领域的创新，就是围绕健全人民当家作主制度体系，发展社会主义民主政治展开的。党的十八大后，党中央就坚持完善中国特色社会主义制度，推进国家治理体系和治理能力现代化若干重大问题做出决定。人们普遍认为国家治理体系和治理能力现代化是与工业、农业、国防、科技四个现代化同等重要的一个现代化，是对制度创新的总体设计，并且发展形成了一系列重大制度创新成果。

比如，在坚持完善中国共产党领导的多党合作和政治协商制度方面，我国进行了理论、政策等多方面的创新。在理论创新方面，提出这项制度是具有中国特色的新型政党制度；民主党派是中国特色社会主义参政党，其基本职能是参政议政、民主监督和参加中国共产党领导的政治协商；无党派人士是指没有参加任何党派、有参政议政愿望和能力、对社会有积极贡献和一定影响的人士，其主体是知识分子。在政策创新方面，规定了中国共产党同民主党派开展政治协商的内容和形式；规定了民主党派对中国共产党的监督是政治监督，主要形式有十种；规定了人大、政府、政协、司法机关等安排民主党派成员和无党派人士等党外人士的具体政策；规定各级党委应当支持民主党派和无党派人士加强自身建设，协助民主党派解决机构、编制、经费、办公场所、干部交流等方面的问题。

（三）从文化建设领域创新看

这些年来，我国坚持创造性转化、创新性发展，一方面客观科学礼敬地对待中国优秀传统文化，结合新的时代条件和实践要求，对其内涵和表现形式加以补充、拓展、完善，赋予其新的时代内涵和现代表达形式，充分展现中华文化独特魅力和时代价值；另一方面，坚持开放包容，以更加自信的心态、更加宽广的胸怀，广泛参与世界文明的对话，借鉴吸收人类文明成果，增强中华文化的影响力和吸引力。因此，当代中国特色社会主义文化，就是在传承

文化是一个国家、一个民族的灵魂。创新创造则是文化的生命所在，是文化的本质特征。

5 000 多年中华优秀传统文化和近百年来党领导人民创造的革命文化、社会主义先进文化，以及吸纳外来文明精华的基础上形成的，是坚持创造性转化和创新性发展的成果。

北京奥运会已经过去 10 余年了，为什么国内外许多人对其开幕式仍然难以忘怀、津津乐道？因为其在总结历届奥运会经验基础上进行了大胆创新，而这种创新又是围绕展示中华 5 000 多年优秀传统文化和现代文化展开的，使具有 5 000 多年传统的灿烂中华文化与具有 2 000 多年历史的奥林匹克运动交相辉映，谱写了人类文明气势恢宏的新篇章。

（四）从社会建设领域创新看

社会建设是民生工程。完善公共服务体系，保障群众基本生活，加强和创新社会治理，促进社会公平正义，使人民不断增强获得感、幸福感、安全感，是社会建设的重大任务，也是创新的重要内容。

特别是围绕消除贫困、改善民生、实现共同富裕，我国扶贫工作取得了举世瞩目的成就。按照每天 1.9 美元的贫困标准（2011 年购买力平价），1981—2012 年全球贫困人口减少了 11 亿，而同期中国贫困人口减少了 7.9 亿，占全球的 71.82%。党的十八大以后，党中央又提出了打赢脱贫攻坚战的战略任务，到 2020 年我国现行标准下农村贫困人口将全部脱贫。我国之所以在扶贫事业中走在了世界前列，很重要的一点，就是采取了一系列符合实际的创新举措，比如：建立健全中央统筹、省负总责、市县抓落实的工作机制，形成

省市县乡村五级书记抓扶贫的局面；将扶贫工作纳入经济社会发展
总体布局，持续推进扶贫事业；坚持与时俱进，分阶段确定扶贫标
准和目标任务；实施精准扶贫、精准脱贫基本方略，有针对性地开
展扶贫工作；注重广泛参与，形成跨地区、跨部门、跨领域的社会
扶贫体系；采取开发式扶贫方针，激发贫困地区、贫困人口内生动
力；等等。这些创新举措为促进全球贫困事业贡献了中国智慧和中
国方案。

（五）从生态文明建设领域创新看

改革开放以来，我国经济社会发展取得重大成就，但环境污染
问题日益严重，生态环境成为各方面建设中的最大短板。中国特色
社会主义进入新时代后，党中央顺应人民的期待，以前所未有的决
心和力度，借鉴国际上的经验，结合具体国情，在理念、体制、措
施等方面创新，为推进生态文明建设创造了有利条件。比如，在理
念创新方面，提出绿水青山就是金山银山，像对待生命一样对待生
态环境，山水林田湖草是一个生命共同体等；在体制创新方面，确
定了自然资源资产产权制度，国土空间开发保护制度，空间规划体
系，资源总量管理和全面节约制度，资源有偿使用和生态补偿制度，
环境治理体系，环境治理和生态保护市场体系，生态文明政绩考核
和责任追究制度等；在措施创新方面，开展了打好污染防治攻坚战
等。经过多年的不懈努力，这些创新成果已经转化成了建设成果，
人们的环境保护意识显著增强，环境污染指数特别是PM2.5浓度逐
年下降。

五、良好的创新环境是创新成果的助产婆

创新是一个十分复杂的系统工程，既同创新主体的素质有关，又同创新客体的难易有关，还同创新环境的优劣有关。大量创新实践证明，良好的创新环境是创新成果的助产婆，而恶劣的创新环境则会阻碍创新成果的产生、传播和使用。2010 年，波兰弗龙堡大教堂为 1543 年死去的著名天文学家哥白尼举行重新下葬仪式，以显示"科学与信仰的和解"。这是怎么回事呢？原来，哥白尼很早就形成了"太阳中心说"的思想，但因他的观点同宗教神学所认同的古希腊托勒密提出的"地球中心说"大相径庭，担心受到教会的迫害，直到 1543 年去世前才公开发表反映其观点的《天体运行论》一书。该书甫一面世，就被教会列为禁书。教会千方百计阻止"太阳中心说"的传播。1633 年，意大利科学家伽利略因为宣传哥白尼的"太阳中心说"，被宗教裁判所判处终身监禁。意大利科学家布鲁诺也因积极宣传哥白尼的"太阳中心说"，于 1660 年被宗教裁判所活活烧死在罗马鲜花广场。尽管哥白尼的"太阳中心说"在今天看来是不正确的，但较之"地球中心说"无疑是重大进步。但因为在中世纪欧洲，科学是神学的婢女，所以哥白尼创新成果的发表及传播受到极大阻碍，布鲁诺甚至付出了生命的代价。

新中国的诞生，社会主义制度的建立，特别是改革开放政策的实施，使我国的创新环境不断优化，这是我国各方面创新成

果大量产生的重要原因。当然，适应建设创新型国家的要求，满足大众创业、万众创新的需求，我们在改善创新环境方面还有进一步提升的空间。总结我国营造良好创新环境的经验，借鉴世界其他国家的有益做法，我们要在以下优化创新环境方面继续做出努力：

（一）崇尚创新的舆论氛围

我国是一个有着 2 000 多年封建专制历史的国家，"出头的橡子先烂""枪打出头鸟"等阻碍大胆创新的保守观念，至今仍禁锢着一部分人的头脑。营造崇尚创新的舆论氛围，并在此基础上打造创新文化，始终是一项十分重要的任务。尊重劳动、尊重知识、尊重人才、尊重创造是党和国家的一项长期方针，而创新在"四个尊重"中具有鲜明的导向作用，就是说创新性劳动、创新性知识和创新性人才，更应该得到尊重。要广泛宣传、全面贯彻"四个尊重"的方针，大力表彰创新人才和创新成果，热情宣传创新人才和创新成果，逐步改变目前的"追星"现象，使创新人才成为越来越多人心目中的明星，进而使争做创新人才在全社会蔚然成风。

（二）鼓励创新的宽松环境

作为世界七大奇迹之一的埃及金字塔是由谁建造的？这个问题一直众说纷纭，其中比较流行的说法是由奴隶建造的。2003年，埃及官方公布了调查结果：埃及金字塔是由当地具有自由身份的农民和手工业者建造的。其实，早在 400 多年前，法国钟表制作大师塔布克就提出了这个看法。他是怎样得出这个看法的呢？ 1536 年，他因反对罗马教廷刻板教条被捕入狱，并被强制安排制作钟表。可是他在以前能轻松制出日误差低于百分之一秒的钟表，而在狱中连低于十分之一秒误差的钟表都制作不出来，他发现造成这种情况的根本原因是心情。由此他推断，建造出金字塔的不可能是一群有懈怠行为和对抗思想的人，而应当是一批怀有虔诚之心的自由人。这个故事告诉我们，创新实践不同于一般实践，只有在身心和谐的状态下，才能全心全意投入、全神贯注钻研，才能激发创新灵感、获得创新成果，而这就离不开鼓励创新的宽松环境。

要鼓励人们解放思想，大胆探索，勇于创新。在创新实践中，失误失败是常事，要允许失误、宽容失败。特别要尊重创新规律，减少不必要的行政干预。1958 年 7 月 28 日，毛泽东在给周谷城的信中拒绝了为其逻辑学著作作序的请求，并解释道："我对逻辑无多研究，不敢有所论列；问题还在争论中，由我插入一手，似乎也不适宜。"毛泽东这种态度和做法，尤其值得学习。

（三）支持创新的物质条件

必要的物质条件，是推进创新事业的基础。即便在哲学社会科学领域，也要提供一定的研究经费，并为研究者提供必要的生活费用。正因为如此，马克思在分析德国工人哲学家狄慈根的哲学观点有许多不确切之处的原因时，指出："他为自己制定那样的哲学观点需要一定的宁静和空闲时间，而这不是一个每天做工的工人所能具有的。"至于科学技术领域，实验室、实验设备、实验经费是必不可少的，投入要更大一些。改革开放以来，党和政府加大了对科技等领域创新的投入，很快解决了"搞导弹的不如卖茶叶蛋的""拿手术刀的不如拿理发刀的"问题，极大地激发了知识分子这个创新群体和其他方面创新人才的积极性、主动性、创造性，使我国的创新水平大幅度提高。

要适应实施创新驱动发展战略、建设创新型国家及推动各领域创新事业发展的需要，就必须随着国家经济实力的增强，进一步加大对科技和其他各领域创新投入的力度，进一步解决好"巧妇难为无米之炊"的问题，免除创新人才的后顾之忧。同时要加强对创新经费的管理，进一步解决好"好钢用在刀刃上"的问题，使其发挥应有的作用。

（四）保障创新的体制机制

新中国成立后，我国效仿苏联，实行高度集中的计划经济体制，限制了创新人才的流动，制约了创新实践的开展，影响了创新成果的交流转化利用。党的十一届三中全会后所实行的全面改革，本质上是创新，是包括体制机制的创新，特别是在建立完善社会主义市场经济体制过程中，不断建立健全各领域创新体制机制，显著释放了全社会的创新能量，推动我国创新事业进入快车道。党的十八大后，党中央对全面深化改革做出了全面部署，特别是就完善中国特色社会主义制度，推进国家治理体系和治理能力现代化若干重大问题做出决定，对完善各方面创新体制机制也提出了明确要求，关键是抓好落实。尤其要健全创新人才发现、培养、流动、使用制度，创新经费投入、使用、管理制度，创新成果奖励、保护、交流、利用制度等，使我国在不远的将来能够成为创新型强国。

既不能总是拿别人的短处
和自己的长处比
也不能总是拿自己的短处
和别人的长处比

谈谈比较

"比较"一词在中国由来已久。早在中国南北朝时期著名文学家、教育家颜之推所著的《颜氏家训》中就提到了这个词，"须求趋竞，不顾羞惭，比较材能，斟量功伐，厉色扬声，东怨西怒"。意思是说，有人为了达到某种需求或目的而东奔西走，不顾羞耻，与人攀比才能，衡量功绩，声色俱厉，怨这怨那。

"比较"一词有若干含义，但主要是指就两种或两种以上同类事物辨别异同或高下。在社会生活中，"比较"一词运用十分广泛。马克思主义经典作家则更重视"比较"的方法论意义。马克思曾经指出，"极为相似的事情，但在不同的历史环境中出现就引起了完全不同的结果。如果把这些发展过程中的每一个都分别加以研究，然后再把它们加以比较，我们就会很容易地找到理解这种现象的钥匙"。在这里，马克思将"比较"视为理解现象的钥匙。邓小平的英文翻译、复旦大学中国模式研究中心主任张维为，走访过100多个国家和地区，2011年出版了《中国震撼：一个"文明型国家"的崛起》（以下简称《中国震撼》）一书，在国内外引起了轰动。这本书的最大特点，是将中国与其他国家做比较，得出了中国必然和平崛起的结论，可以说是运用比较这把钥匙分析社会现象的典型案例。现在看来，这本书中使用的一些数据略显陈旧，但其结论并没有过时，特别是所使用的比较方法值得借鉴。下面，笔者主要以这本书为例，来分析"比较"这把理解现象的钥匙。

一、为什么比——明确比较的意义

比较是确定事物异同关系的思维过程和方法，目的是认识事物的特点，探寻事物发展的规律。比较无处不在，在日常生活中人们时时处处都在做自觉或不自觉的比较。古人所谓"权，然后知轻重；度，然后知长短"，今人常讲的"权衡利弊"，说的都是比较。在社会实践中，比较作为理解现象的钥匙，具有多方面的意义。

（一）比较是认识事物的重要方法

比较常常是认识的起点。人们认识一个事物，常常是借助于与其他事物比较来实现的。

《中国震撼》这本书从引言开始，始终把今日中国的发展变化放到中国历史进程中和世界范围内，进行实事求是的比较。通过比较使我们认识到，尽管存在不少问题，但中国崛起已是不争的事实。今日中国的发展，与旧中国相比，不可同日而语；与发展中大国相比，应当引以为豪；与西方发达国家相比，丝毫也不逊色。

（二）比较是创新发展的重要途径

创新是事业发展的动力源泉。我们常说"比较出新"，就是说有比较，才能有所发现，有所创新。随着比较方法的广泛运用，比较学应运而生，并且因将比较学运用于各学科，又具体产生了比较经济学、比较政治学、比较文化学、比较教育学等，有力推动了创新事业的发展。正是因为这个道理，比较学被称为"创新软科学"。人类创新发展史表明，许多伟大的创新都是运用比较学方法取得的成果。达尔文将生物界的相关理论与马尔萨斯"人口论"中关于优胜劣汰的思想进行比较，创立了"物竞天择，适者生存"的生物进化学说。门捷列夫把每一种化学元素的主要性质和原子量写在一张小卡片上，反复比较它们的性质，做出了系统的分类，发现了元素周期律。魏格纳

"不怕不识货，就怕货比货"，这句俗语生动地道出了比较的认识功能。比较不仅是人们认识事物最常用的方法，也是认识自我最基本的方法。

通过比较非洲西部的海岸线和南美洲东部的海岸线彼此正相吻合，提出了"大陆漂移说"。中国共产党人正是在比较总结改革开放前后经验教训、比较借鉴国际上其他国家经验教训的基础上，创造性地提出了中国特色社会主义理论，开辟了中国特色社会主义道路。《中国震撼》这本书提出的"文明型国家"的概念，总结的中国"文明型国家"的八个特征，都是比较创新的成果。

尤其应当关注的是，具有真理性的创新理论很多是在同谬误的比较中发现的，也是在同谬误的斗争中发展起来的。从马克思列宁主义到毛泽东思想等，莫不如此。正如毛泽东指出的："真理是跟谬误相比较，并且同它作斗争发展起来的。"因此，他十分强调："禁止人们跟谬误、丑恶、敌对的东西见面……这样的政策是危险的政策。它将引导人们思想衰退，单打一，见不得世面，唱不得对台戏。"

（三）比较是客观评价的重要环节

有比较才有鉴别。看到丑的东西，越能显出美的东西可爱；遇到恶的东西，越能感到善的东西可亲；发现假的东西，越能懂得真的东西可贵。

评价中国的发展模式，不能孤立地看，需要通过比较得出结论。《中国震撼》这本书正是通过将中国发展模式与独立建国后就照搬西方发展模式的印度等国、先采用传统社会主义发展模式后照搬西方发展模式的东欧等国进行比较，显示了中国发展模式的优势，消除了不少人对中国崛起的疑虑。这就是不看不比，心里没底，一比一看，疑云消散。

（四）比较是科学决策的重要基础

在比较基础上进行选择的过程包括自下而上和自上而下两个方面。自下而上的过程，就是献策、提供方案的过程；自上而下的过程，就是选策、确定方案的过程。

不经过认真分析、科学比较，就盲目决断的教训不胜枚举。20 世纪 90 年代后，非洲许多国家不顾经济发展落后、种族部落矛盾尖锐等具体情况，以为只要照搬了西方民主模式，进行自由选举，一切就都会变好，结果呢？出现社会分裂、贪污盛行、经济滑坡。反观中国的重大决策，任何时候都不脱离自己的国情，不放弃自己的优势，始终重视比较借鉴，包括比较借鉴西方国家市场经济做法，建立完善社会主义市场经济体制，坚持既发挥市场这只"看不见的手"的基础作用，又发挥政府这只"看得见的手"的调控作用，从而成为世界上发展最快、最具活力的国家。

有比较才能决定取舍。决策的过程就是把了解到的各种情况和各种意见，加以分析比较，进行选优择优的过程。

二、跟谁比——明确比较的对象

比较对象的选择在很大程度上决定了比较的

结果。比较要让人信服，首先必须选择有可比性的比较对象，要么是同类，要么是同质，要么是同范围。《中国震撼》这本书阐述的中国震撼和一个文明型国家的崛起，跟谁比是震撼，跟谁比算崛起，有没有普遍意义？作者没有回避这些问题，而是通过全面比较做出正面回应。

（一）和发展中大国印度比

中国和印度都属文明古国，都是人口众多、幅员辽阔，都经历过殖民入侵，印度独立于1947年，新中国成立于1949年，这一时期两国的人均收入、预期寿命、识字率等主要发展水平的指标都比较接近。不同之处在于，两国采取了不同的政治制度和发展模式，结果如何呢？

尽管印度在软件、信息、服务外包、制药等领域取得了长足进展，有不少值得中国学习的地方，但总体上中国在现代化方面已经走在印度的前面。2010年印度的经济规模大约只有中国的1/3，外贸规模只有中国的1/4，吸引外资规模只有中国的1/10，粮食产量只有中国的50%，人均寿命比中国整整少10年。而到了2019年，印度的经济规模为2.94万亿美元，中国为14.41万亿美元，为中国的1/5，差距进一步拉大了。

（二）和原东欧社会主义国家比

东欧国家曾经是社会主义国家，有些已达到中等工业化国家水平，曾是中国学习的对象。

20 世纪 80 年代开始，中国和东欧都进行了不同程度的改革，与中国渐进式稳健型改革不同的是，东欧采用了政治上激进转型的做法，迅速转变为西方式的多党制，经济上采用激进的休克疗法，由计划经济迅速转向私有化、市场化，结果呢？经济高度依赖外资，普遍负债过高，贸易逆差过大，银行被西方银行控制，波兰、捷克、斯洛伐克、匈牙利、罗马尼亚等国，仍然在为建立稳定的民主制度而挣扎，加入欧盟的东欧八国的国家竞争力都落后于中国。

（三）和近邻韩国比

历史上东亚国家和地区大都受到中华文明的影响，都属于"筷子文明圈"。在中国改革开放之初，作为亚洲"四小龙"的韩国已通过"东亚模式"实现了经济上的起飞，大致实现了经济和社会的现代化。在经济起飞之后，韩国转而采用了西方的政治制度，结果经济滑坡，政党恶斗，政客争权夺利，黑道和金钱大规模介入政治，"道籍矛盾""族群矛盾"更加尖锐。承载着众多梦想的西方民主制度演变成为拼金钱、拼资源、拼公关、拼谋略、拼形象、拼表演的"游戏民主"。

相比之下，改革开放 40 多年来，中国正在完成人类历史上最大规模的工业革命和社会变革，实现了人类历史上罕见的跨越式发展，一跃成为世界第二大经济体和世界经济增长的重要引擎。

（四）和发达资本主义国家比

作为一个正在崛起的大国，我们比较的对象绝不仅限于印度、东欧以及韩国。和当今世界最发达的美、英等老牌资本主义国家相比，我们到底怎么样？我国目前正处于工业化、城市化进程之中，而美、英等发达资本主义国家早已完成了工业化和城市化，因此，与发达资本主义国家比，不仅要比结果，而且要比过程；不仅要比现在，还要比过去。

看过去、比过程，中国的工业化过程中遇到的城乡差距、腐败、环境污染等问题，发达资本主义国家在其工业化进程中同样遇到过，而且有些问题更为严重。1952 年 12 月，英国伦敦发生因工业污染导致的严重烟雾事件，造成 12 000 多人死亡。看现在、比结果，我们的成果喜人。40 年前的上海和纽约根本没有可比性，今天的上海，尽管在不少方面，仍不如纽约，但在许多方面，确实走到了纽约的前面。"软件"方面，上海的社会治安、婴儿死亡率、人均预期寿命等重要指标均好于纽约；"硬件"方面，上海的机场、港口、地铁、高速公路、摩天大楼均比纽约好。美国人自己也发出了感叹："究竟是谁生活在第三世界国家"，"只有去中国才能看到未来"。

三、比什么——明确比较的内容

选择合适的比较内容，是进行科学比较的关键。既不能总是拿别人的短处和自己的长处比，也不能总是拿自己的短处和别人的长处比，而是要进行全面综合比较。《中国震撼》谈及的各国之间的比较，全面涉及经济、政治、文化以及与百姓生活息息相关的社会等方面的内容。

（一）经济方面

1979—2018 年，中国经济以年均 9.4％ 的速度稳步增长，远高于同期世界经济 2.9％ 的增长速度，国内生产总值跃居世界第二位；中国外汇储备余额为 30 727 亿美元，连续 13 年稳居世界第一位；自 2013 年起，中国连续 5 年保持全球货物贸易第一大国地位。在改革开放中率先发展起来的广东、江苏、山东、浙江等省的 GDP 已超过了世界上许多发达国家，其中广东 2018 年经济总量达到 1.47 万亿美元，超过了澳大利亚、西班牙、荷兰、瑞士等国。

与中国经济欣欣向荣的景象相比，2008 年全球金融危机后，美国、欧洲多国面临着活力缺乏、动力不足等难题，日本经历了"失去的二十年"，许多发展中国家各种政治、经济、社会危机不断。

（二）政治方面

中国人有着家国同构的独特理念。根植于这种独特理念的中国特色政治制度和政党制度，更加注重整体思维和"全国一盘棋"，有利于集中力量办大事，在实践中体现出巨大优越性和强大生命力。2020 年初，我国发生了新中国成立以来传播速度最快、感染范围最广、防控难度最大的新冠肺炎疫情后，采取了史无前例的覆盖全国的隔离行动和最全面、最严格、最彻底的防控措施，赢得了世界上许多国家的赞誉，普遍认为在他们国家是无法做到的。同时，由于有一套适合本国国情的政治制度，我们成功地防止了不少国家变革中出现的那种社会失控和国家解体现象，减少了改革中不同利益的矛盾与冲突，保持了安定团结的政治局面。

与中国形成鲜明对比的是，苏联、南斯拉夫设想通过实行西方的政治制度，迅速成为一个发达富裕的国家，结果是国家解体，经济崩溃。拉美、非洲和中东许多实行西方多党制的国家，更是政党林立、社会矛盾激化，国家陷入长期的纷乱之中。美国自己的民主也已成为"富人的游戏""钱袋的民主"，连前总统奥巴马也坦承："竞选需要钱，去弄钱的过程就是一个产生腐败影响的过程，拿了钱，就要照顾供钱者的利益。"

（三）文化方面

文化对经济、政治、社会发展具有重要而深远的影响。中华文化绵延 5 000 多年而从未中断，超强的文化基因为今日中国崛起奠定了基础，也为世界的发展提供了思想借鉴。

中国有"三人行，必有我师"的文化传统，强调海纳百川，博采众长，并在学习的基础上进行创新和超越，这成为我们可持续发展的动力源泉。而某些国家文化是"三人行，我必为师"，常常蔑视百家，唯我独尊，结果只能是故步自封。

中国文化注重"求同"，这种文化培育了中国人的集体意识、大局观念、奉献精神，为中国高效发展提供了思想基础。西方文化注重"求异"，不去寻求大家的共性，而是过分强调人的个性。结果正如《纽约时报》专栏作家罗杰·科恩所描写的那样，美国社会是原子般的分化，中国社会是紧密地凝聚在一起。

中华文化讲究勤俭持家，这为我国社会经济发展提供了物质积累。中国人把赚 100 元花 70 元叫大手大脚，赚 100 元花 100 元叫"败家子"。美国人认为见上帝时留下一屁股债是英雄，因此认为赚 100 元花 100 元是不正常的，赚 100 元花 300 元、500 元才算好汉。2008 年由美国引发的全球金融危机告诫美国人，"寅吃卯粮"的消费模式难以为继，美国《时代周刊》发表的美国向中国学习的文章，其中就包括了"健康的储蓄习惯"。

（四）社会方面

社会方面的比较，最能反映各国人民生活的实际质量。改革开放以来，我国成为世界上整体进步最快、人民生活改善最多的国家。我们有全球最强的置业传统，住房自有率全球领先。我国教育普及程度超过中高收入国家平均水平，其中学前教育毛入园率达到 81.7％，九年义务教育巩固率 94.2％，高中阶段毛入学率 88.5％，高等教育毛入学率 48.1％。我国一户城镇家庭的电视机可以收看 120 个频道，而在英国大部分家庭能收看到的电视频道只有 6～7 个。我国农村广播电视已由"村村通"向"户户通"延伸，而发展中国家平均 41％的农村人口还没有通电。

四、依据什么比——明确比较的标准

我们都知道，每次奥运会后都举行残奥会，将健全人与残疾人分开来比，这是因为他们的身体状况不同，有些比赛规则和标准也不同，而这对于确保公平是必要的。这说明，明确比较的标准是进行科学比较的重要条件。没有标准，就不能进行比较；标准不同，比较就失去了意义。研究对象、研究内容、研究角度不同，标准也就不同。《中国震撼》这本书每组比较后面都有各自的比较标准。这些标准，大体上可归为三类。

（一）时间标准

时间对每个人是公平的，对每个国家也是公平的，以相同时段作为比较标准也是公平的。根据自己的亲历和感受，《中国震撼》这本书的作者将中外比较的时间主要集中在改革开放以来这个时段。

结果有什么差别呢？本书一开始，就通过美国《纽约时报》著名专栏作家托马斯·弗里德曼《中美这七年》的比较文章，道出了这种差别："中国一直在忙于奥运会的准备工作，我们忙着对付'基地'组织；他们一直在建设更好的体育馆、地铁、机场、道路以及公园，而我们一直在建造更好的金属探测器、悍马军车和无人驾驶侦察机……差异已经开始显现。"

把7年放大到40年，当中国正在聚精会神搞建设、一心一意谋发展时，以美国为代表的西方世界却正忙于海湾战争、科索沃战争、阿富汗战争、伊拉克战争、利比亚战争、叙利亚战争，忙于在全球推销它们所谓的"普世价值"和"民主模式"；当中国正在坚定不移走中国特色社会主义道路时，东欧、南美、非洲许多国家还在忙于向西方模式转型，忙于"颜色革命""街头政治"。

结果必然是差异显现。一些国家和地区，与几十年前比并没有太大变化，甚至有62％的匈牙利人认为现在的生活不如几十年前的卡达尔时期。而中国的经济总量超过意大利、法国、英国、德国、日本，成为世界第二大经济体。这还是按照官方汇率计算的。如果按照购买力平价来计算，中国经济总量在1992年就超过了日本，在2009年超过了包括德国、英国、法国在内的欧洲12个老牌工业国的经济总和。

（二）空间标准

每个人都要生活在一定的空间中，每个国家也都存在于一定的空间中，因而空间也是进行比较的一个重要维度。中国实在是太大了，我们的经济空间、政治空间、文化空间、社会空间、地理空间与绝大多数国家的差别都太大了。在中国这样一个幅员辽阔、人口众多的国家里，全面实现现代化的任务之重、挑战之大、难度之高，是不言而喻的。

英、法崛起时，其人口是千万级的；美、日崛起时，其人口是亿级的；今天正在崛起的中国，其人口是十亿级的。西方国家的崛起始终伴随着战争、掠夺和动荡，是一个殖民主义、种族灭绝、

明确比较的标准是进行科学比较的重要条件。没有标准，就不能进行比较；标准不同，比较就失去了意义。

以强凌弱、从全世界贪婪吸金的过程。它们可以不择手段而相对容易地"化解"各种社会矛盾。而中国进行的这场规模空前的工业革命和社会革命,在自己境内消化所有的问题,没有发动战争,没有进行掠夺,硬是靠自己的智慧、苦干乃至牺牲,闯出了自己的发展道路和模式,开辟了实现现代化的广阔前景,并给大部分国人和百姓带来了实实在在的利益。

(三)效率标准

效率是指在给定投入和技术等条件下,最有效地使用资源,以满足设定的愿望和需要的评价方式,简言之,就是单位时间内完成的工作量,这同样是进行比较的一个重要标准。

我们说中国用 40 多年时间走完了西方发达国家上百年才走完的道路,这就是效率标准。中国模式的特点之一就是行动效率比西方模式高很多。我国全长 1 069 公里的武广高铁,平均时速超过 300 公里,仅用 4 年时间就建成通车。相比之下,苏格兰爱丁堡一条 19.3 公里的铁路,最高时速仅 70 公里,拖了 6 年才建成。柏林新机场从 2006 年前就开始建设了,至 2019 年尚未建成。而全球最大的北京大兴国际机场,从开工到完成仅用了 4 年。2020 年春抗击新冠肺炎疫情期间,我国仅用 10 天就建成了有 2 600 张床位的火神山和雷神山医院,展示了中国速度,被外国人赞为奇迹。印度早在 20 世纪 50 年代便提出了要控制增长过快的人口,但时至今日仍未能有效地执行这一政策。中国在 20 世纪 70 年代末才开始实行计划生育政策,人口增长过快的趋势便迅速得到控制。2008 年 11 月,印度的大城市孟买遭受恐怖袭击后，印度精锐反恐部队花了 9 个小时才抵达现场。2008 年 5 月，位于中国中部山区的汶川发生特大地震后，我们的军队在 20 分钟内就启动了救灾机制，我们的医疗队三四天内就覆盖到所有的 1 000 多个受灾的乡镇。早在 2010 年，我国春运的客运流就达到 25 亿人次，意味着把美洲、欧洲和非洲的人口在一个月内都挪动了一下，除了中国，尚没有任何一个国家有这样高的效率。

五、怎么比——明确比较的方法

由于事物的性质和事物之间的联系是多种多样的，比较的种类、比较的方法也是多种多样的。科学的比较结论需要科学的比较方法来保障，科学的比较往往都是多种比较方法的综合运用。结合《中国震撼》这本书进行分析，常用的比较方法主要有以下几种类型：

（一）单项比较与综合比较

所谓单项比较，就是按照事物的某一个方面或某一种特征进行相互比较。《中国震撼》这本书中提到的人均预期寿命、婴儿死亡率、住房自有率、人均 GDP、家庭净资产、跨国旅游人数、中产阶级人数、城市化速度、粮食产量、外贸规模等方面的比较，都属于单项比较。

任何事物都是多样性的统一，多种特征的综合。因此，人们在对某些问题进行研究时，要把事物的不同方面、不同特征综合起来进行比较，这就是综合比较。由于综合比较考虑了各种因素的相互影响，它的结论比单项比较的结论更合理、更准确。这本书中关于发展模式、幸福指数、生活满意度等方面的比较，都属于综合比较。

（二）纵向比较和横向比较

纵向比较是比较同一对象在不同时期的发展变化的方法。横向比较是将不同对象放在同一标准下进行比较的方法。纵向比较注重的是时间上的过去、现在，横向比较注重的则是空间上的这里、那里。在比较研究中，纵向比较和横向比较是相互联系的，只有将二者结合起来，才能得出较为科学的结论。这种方法，既能克服"夜郎自大"，又有助于克服"盲目崇外"。《中国震撼》这本书将改革开放初的中国跟今天中国的比较，剧变前的东欧与今天东欧的比较，亚洲"四小龙"时期的韩国跟今天的韩国的比较，都是纵向比较。中国与日本、美国、印度以及东欧、东亚等国的比较，上海与纽约的比较，都是横向比较。

（三）宏观比较与微观比较

宏观比较是对一个较大范围内的各种对象进行整体比较的方法，侧重于全部、整体的研究。微观比较则侧重于局部、部分的研究。宏观比较更容易判断方向、把握主流，《中国震撼》这本书通过对中国模式与西方模式的宏观比较，展示了中国模式的优越性和生命力。微观比较更直观、更具体，北京与柏林的机场，上海与纽约地铁的比较，都是微观比较。

宏观比较与微观比较是相对的，不是绝对的，是可以相互转化的。相对于上海地铁与纽约地铁状况的比较，上海和纽约发展情况的比较是宏观比较，但相对于中国和美国发展状况的比较，上海和纽约发展情况的比较又是微观比较。

（四）定性比较与定量比较

定性比较是根据比较对象过去和现在的状况，判断比较对象的性质、特点、发展变化规律的方法。定量比较是根据比较对象的数量、规模、大小等各项指标及其数值开展对比分析的方法。

《中国震撼》这本书中的一些判断，如"总体上看，发展最成功的就是中国，人民生活改善最快的就是中国"，"上海的腐败情况低于意大利，上海的城市治理水平高于罗马和纽约"，"我们农村的总体水平明显好于绝大多数发展中国家"，等等，都是定性比较。对本国政府的信任度，保加利亚为16%，波兰为17%，拉脱维亚为19%，罗马尼亚、匈牙利和捷克为21%；公众对自己国家现状的满意度，72%的中国人对国家现状表示满意，美国人是39%，法国人是29%，这些都是定量比较。

定性比较与定量比较是相互联系、相辅相成

宏观比较是对一个较大范围内的各种对象进行整体比较的方法，侧重于全部、整体的研究。微观比较则侧重于局部、部分的研究。

的，实践中二者经常结合起来使用。《中国震撼》这本书强调，中国住房自有率全球领先，是定性比较。具体而言，中国城镇住房自有率是89%，法国为55%，日本为60%，美国为60%，瑞士为36%，这又是定量比较。

六、以什么态度比——明确正确的比较观

比较不仅是一种思维方式，也是一种研究方法，还是一种处事方法。尽管这种方法本身没有正确与错误之分，也没有积极与消极之别，但由于人们对它态度不同，导致了在运用比较方法时有了正确与错误之分，在比较效果上也有了积极与消极之别。

有的人没有比较而盲目自大。司马迁在《史记·西南夷列传》中，不仅讲了夜郎自大的故事，还讲了滇王自大的故事。汉武帝时期，朝廷专门派出使者寻找打通去往印度进行贸易的道路。汉朝使者途经滇国和夜郎国时，"滇王与汉使者言曰：'汉孰与我大？'及夜郎侯亦然。"滇国和夜郎国都是西南小国，但滇王与夜郎侯为什么会提出这样的常识问题呢？司马迁解释，这是因为"以道不通故，各自以为一州主，不知汉广大"，就是说，滇王和夜郎侯因为道路不通，从没有离开过自己的国家，便以为自己的国家很大，这是一种没有比较的、具有坐井观天性质的盲目自大。

有的人害怕比较而自甘落后。中国人有这样一句俗话："人比人该死，货比货该扔。"讲的是这样一种心态，自己和别人差距过大，

因而心生畏惧，不愿进行比较，不敢进行比较，自甘落后，甚至自暴自弃。

有的人不会比较而骄傲自满或故步自封。要么"以己之长、比人之短"，从而狂妄自大、骄傲自满。要么"比上不足、比下有余"，从而安于现状、故步自封。改革开放以来，有的民营企业家取得一些成绩后，不是继续做大做强，而是小成即满、小富即安，就属于此例。

有的人积极比较而奋发向上。1951 年 4 月 11 日，《人民日报》发表了魏巍的战地通讯《谁是最可爱的人》，其中记述了令斯大林流泪的志愿军某部三连在松骨峰阻击战中的感人事迹，并点出了李玉安、井玉琢等许多烈士的名字。实际上，身负重伤的李玉安、井玉琢并没有牺牲，他们被救治出院后转业回到地方，当了普通工人和农民，并在各自岗位上做出了新的成绩，直到改革开放后才真相大白。有些人对他们隐姓埋名、不向组织提任何要求表示不解。他们是这样回答的，同牺牲的那么多战友相比，我们能够活下来就很幸运了，如果还向组织伸手，就对不起烈士们了。

由此可见，对比较的态度不同，效果也明显不同：既可以使人挂上前进挡，发展进步；也可以使人挂上空挡，碌碌无为；还可以使人挂上倒挡，落伍退步。因此，必须树立正确的比较观，以积极的态度、科学的方法进行比较，既看到自己的长处，又不忽视自己的短处，从而努力扬长补短或扬长避短，达到推动事业发展的目的。

不左不右

适度
强调不偏不倚
恰到好处
是为人处事
的最高境界

谈谈适度

互联网上流传着一首《为人处事适度歌》，其中有几段是这样的：

世事无常皆有缘，物极必反本自然；

为人处事应谨慎，知度有节戒激偏。

激偏难脱贬抑苦，偏颇易陷无路难；

中和自然事亨畅，随缘适度人悠闲。

…………

为人处事能适度，犹如树木长沃田；

根深叶茂雨露润，生息繁衍永绵延。

为人处事无适度，恰似花草插竹篮；

今日鲜艳惹人爱，明日枯萎枝叶蔫。

为人处事要适度，贵在实践多磨炼；

心猿意马自紧缚，物我两忘心静安。

虚一而静能深思，不偏不倚事周全；

洞明世事至练达，适度渐进到自然。

…………

言行孕育吉凶果，报应在人不在天；

养成愚拙就是佛，学会适度便为仙。

这首歌中所言，想必人们或多或少都有感受。这说明了这样一个事实：追求适度、避免失度，是人类社会的普遍现象，无时无处不需要，无人无事离得开。那么，什么是适度？适度有什么意义？适度为什么难做到？怎样做到适度？这是人们在探索适度的实践中普遍遇到的问题。

一、适度的内涵

什么是适度？词典关于该词条词意的解释极其简明，只有短短的四个字："程度适当。"但是，当将适度作为为人处事乃至治国理政的方法、思想、原则时，回答就没有那么简单了。将适度的内涵解释清楚，不仅要同马克思主义哲学中的质量互变规律联系起来，还要追溯到几千年前，同儒家倡导的中庸之道联系起来，甚至同尧舜禹主张的"允执厥中"思想联系起来。习近平总书记指出："回望我们民族一路走来的过程，从中寻求成败教训、总结得失经验，古为今用、借古鉴今，这是一种非凡的胸怀智慧，一种成熟的治国方略，正是中国文化中所说'极高明而道中庸'的思想体现，能把握一种不过激又不保守的适度原则。"

作为明清两朝皇室的故宫，既是我国古代历史的缩影，也是我国传统文化的结晶。故宫中最重要的建筑和场所，就是有"三大殿"之称的太和殿、中和殿和保和殿。在每座大殿中间的位置都悬挂着乾隆亲笔题写的匾额，其中中和殿匾额内容为"允执厥中"。这是什么意思？出处是哪里呢？这四个字的出处是《尚书》。该书是上古时期尧舜禹等中华民族先贤治国理政历史文献的汇编，是我国最早的文献汇编，也是我国历代统治者的必读书。在这部书的《大禹谟》篇中，有这样几句话："人心惟危，道心惟微，惟精惟一，允执厥中。"这是作为上古时期五帝之一的舜，将王位禅让给禹后，讲给大禹听的16个字，被后世尊为中华心法。其中"允执厥中"四个字，又是尧帝将王位禅让给舜后，传授给舜的治国理政心得。这四个字的意思是，诚恳地秉持中正之道，才能把国家治理好。值得关注的是，有金銮殿之称的太和殿悬挂的"建极绥猷"匾额，保和殿悬挂的"皇建有极"匾额，也都出自《尚书》。其中"建极绥猷"的意思是，君王肩负着上对苍天、下对黎民的双重使命，既要顺承天意建立宏大中正的法则，又要顺应大道安抚天下万民。"皇建有极"的意思是，君王建立政事要有中道。由此可见，故宫"三大殿"匾额所表述的中心思想是一致的，就是"允执厥中"。正因为如此，它被视为中华民族至高文化理念，可以说是中华文化的核心理念。

儒家学说创始人孔子及其传人，十分重视和推崇尧舜禹等中华先贤的"允执厥中"理念，并予以丰富发展，提出了中庸之道，不仅将其作为治国理政、为人处事的方法，更上升为道德修养至高境界。《论语》中记载了孔子这样的话："中庸之为德也，其至矣乎！民鲜久矣。"意思是，中庸作为一种道德，该是最高的了吧，人们缺少这种道德已经很久了。孔子的嫡孙子思在此基础上，专门编写了《中庸》一书，全面论述了孔子主张的中庸之道。到了宋代，程颢、程颐和朱熹等人对《中庸》一书进行系统阐发，形成了《中庸集注》《中庸章句》等书，使中庸思想更加完备，对后世产生了重大影响。《中庸》一书的地位空前提高，与《论语》《孟子》《大学》并称四书，成为学校官定教科书和科举考试必读书。那么，究竟什么是"中庸"呢？程颢、程颐的解释是："不偏之谓中，不易之谓庸。中者，天下之正道；庸者，天下之定理。"朱熹进一步解释说："中者，不偏不倚，无过不及之名。庸，平常也。"鉴于"二程"将"庸"解释为"不易（不变）"，与其解释为"平常"有所差异，朱熹专门就此做了说明："庸字之义，程子以不易言之，而子以为平常，何也？曰：惟其平常，故可常而不可易。若惊世骇俗之事，则可暂而不得为常矣。"朱熹强调"庸"字的平常含义，主要是认为平常的东西在实践中才是能长久的，而惊世骇俗的东西必然是暂时的、无法长久的。因此，所谓"中庸"最基本的含义就是凡事追求不偏不倚、无过无不及的最为恰当的状态。

进入近代，特别是"五四运动"后，随着新文化运动的兴起，"打倒孔家店"口号的提出，西方各种思潮的传入，中国社会对中庸之道的看法发生了严重分化，其中一种观点认为，中庸之道就是折中主义，从而予以否定。所谓折中主义，是西方的一个哲学流派。"折中"一词，原意为选择。在西方哲学史上，第一个把自己的哲学思想称为折中主义的是约公元前1世纪的亚历山大里亚人波大谟。19世纪法国哲学家库桑也称自己的哲学体系为折中主义，提出一切哲学上的真理已为过去的哲学家所阐明，哲学今后的任务就是从以往的体系中批判地选择真理。因此，折中主义是没有自己的固定立场和独立观点，只是把各种不同的理论观点，无原则地调和在一起的思维方式。当我们弄清楚什么是中庸之道和折中主义后，很容易发现，将两者画等号，进而予以否定是有失偏颇的，本身就违反了中庸思想。

　　毛泽东曾专门谈及中庸之道与折中主义的问题。他站在革命的立场上，一方面认为中庸之道"有折中主义成分"，一方面又实事求是地肯定了其积极合理因素，特别是充分肯定了它在反对过度与不及两种极端倾向中的重要方法论意义。1938 年 10 月，毛泽东在党的六届六中全会上号召全党来一个理论学习的竞赛，强调在学习马克思主义的同时，要继承中国历史优秀文化遗产。1939 年初，在中央宣传部工作的陈伯达撰写了《孔子的哲学思想》等文章。毛泽东看后致函中宣部部长张闻天，谈了对中庸思想的看法。他认为陈伯达文章的解释是对的，但仍有不足。他强调："'过犹不及'是两条战线斗争的方法，是重要思想方法之一。一切哲学，一切思想，一切日常生活，都要作两条战线斗争，去肯定事物与概念的相对安定的质。"他指出，陈伯达文中关于"一定的质含有一定的量"是对的，但重要的是从事物的量上去找出并肯定那一定的质，为之设立界限，使之区别于其他异质，作两条战线斗争的目的在此。他还联系党反对"左"右两种极端倾向斗争实践指出："'过'的即是'左'的东西，'不及'的即是右的东西。依照现在我们的观点说来，过与不及乃指一定事物在时间与空间中运动，当其发展到一定状态时，应从量的关系上找出与确定其一定的质，这就是'中'或'中庸'，或'时中'。"他还认为，孔子的中庸思想尽管还没有这种发展的思想，"然而是从量上去找出与确定质而反对'左'右倾则是无疑的。这个思想的确如伯达所说是孔子的一大发现，一大功绩，是哲学的重要范畴，值得很好地解释一番"。

毛泽东关于中庸思想的看法，主要是从质量互变规律角度进行分析的。质量互变规律中最重要的三个概念是质、量和度。所谓"质"，是使一事物成为它自身而区别于其他事物的内在规定性。所谓"量"，是事物存在的规模、范围、程度以及它的构成部分在空间上的排列组合等可以用数量表示的规定性。所谓"度"，是指一定事物保持自己"质"的、"量"的限度、范围，它体现着"质"和"量"的对立统一。"度"的两端的界限叫作关节点或临界点，是一定的"质"所能容纳的"量"的活动范围的最高界限和最低界限。"度"就是关节点范围内的幅度，在这个范围内事物的"质"保持不变，突破了关节点，超出了这个范围，事物的"质"就会发生变化。

综上所述，适度是以马克思主义哲学中质量互变规律为基础，借鉴中华优秀传统文化中中庸

适度理念的提出，既同儒家中庸之道有关，又同马克思主义哲学三大规律之一的质量互变规律有关。

思想积极因素而形成的治国理政、为人处事的重要理念。其基本内涵是，在保持事物"质"的数量界限内活动，追求恰到好处，不过度、也无不及。

二、适度的意义

2009年7月28日，《华西都市报》报道了一则令人扼腕叹息的消息：7月26日，成都骡马市一酒店举行盛大婚礼，新郎因饮酒过量身亡，瞬间喜事变成了丧事。这则惨痛的故事告诉人们，凡事皆有其度，凡事皆需适度，即便喜事也不能例外，否则很可能乐极生悲。这充分说明了适度对于人们生活的重大意义。

尽管人类社会生活丰富多彩，但概括起来，其全部活动无非集中于两个方面，即为人和处事。处事体现为人，为人影响处事。适度，强调不偏不倚、恰到好处，是为人处事的最高境界。坚持适度，就掌握了为人处事的方法，掌握了为人处事的艺术，掌握了为人处事的原则。

（一）适度是成事之本

众所周知，人们做事不可随心所欲、为所欲为，必须按规律办事，唯此才能成事，否则就会坏事。规律是事物之间内在的、必然的、稳定的本质联系，决定着事物发展的必然趋势。适度与规律密切相关，遵循规律的表现就是适度，适度的事就是按规律办的事，过度和不及的事就是违反规律的事。无数正反两个方面的事实证明，适度始终是成事之本。

建设社会主义、共产主义，必须遵循马克思主义关于生产关系适应生产力、上层建筑适应经济基础的规律，审时度势、稳步推进，过度求快是不行的。正如习近平总书记指出的，"共产主义决不是'土豆烧牛肉'那么简单，不可能唾手可得、一蹴而就"。这里所说的"土豆烧牛肉"，指的就是苏联的教训。20世纪50年代末，苏共中央总书记赫鲁晓夫访问匈牙利，他在一次群众集会上说到了共产主义社会，匈牙利人民就可以经常吃"古拉希"了。"古拉希"是匈牙利的一道名菜，即土豆烧牛肉。此后，"土豆烧牛肉"就成了共产主义的代名词。1961年，赫鲁晓夫在苏共二十二大上宣称，苏联将在20年内基本建成共产主义社会。但20年后的90年代初，苏联解体，苏联式的"共产主义"成为过眼烟云。

1956年，伴随我国社会主义改造的基本完成，社会主义制度的确立，我国进入了全面建设社会主义时期。但受苏联的影响，我国在开展"大跃进"运动的同时，刮起了一股十分严重的"共产风"。1958年8月的中央政治局北戴河会议称，"看来，共产主义在我国的实现，已经不是什么遥远将来的事情了"。许多地方出现了"跑步进入共产主义"的现象，甚至发生了一些极为荒唐的事情。这些超出中国发展实际的过度的、激进的"左"的做法，直接导致了始于1959年的三年困难时期，教训惨痛而深刻。

1978年党的十一届三中全会纠正了"以阶级斗争为纲"的"左"的指导方针，开启了改革开放和社会主义现代化建设新时期，中国特色社会主义事业取得举世瞩目的伟大成就。到2020年，我国连续

10 年保持世界第二大经济体地位，人均国民收入超过 10 000 美元。取得这样成绩的根本原因在于，深化了对共产党执政规律、社会主义建设规律、人类社会发展规律的认识，正确处理了改革、发展、稳定的关系，准确把握了改革力度、发展速度、社会承受程度等一系列重要之度，并将三者有机统一起来。

邓小平在 1992 年的南方谈话中指出："现在，有右的东西影响我们，也有'左'的东西影响我们，但根深蒂固的还是'左'的东西。"他强调："中国要警惕右，但主要是防止'左'。"可以说，这既是对党长期以来领导革命、建设、改革事业经验教训的深刻总结，也是对今后始终遵循适度原则，防止走极端，进一步把中国的事情办好的郑重嘱咐。

（二）适度是做人之要

事是人做的。处事不易，做人更不易。有道是，隔行如隔山，但隔行不隔理。处事与做人虽然不完全是一回事，但适度原则同样是适用的。只要善于掌握人生的得失进退之度，行为的刚柔屈伸之度，情绪的喜怒哀乐之度，等等，做到分寸得当、拿捏到位，就会被人们认可和称道，反之则会遭遇挫折和失败。

人活在世上总要有理想和目标，但理想和目标也有个适度的问题：没有理想和目标，人就失去了生活的方向和动力，必然会浑浑噩噩、无所作为；如果理想和目标过高，不切实际，力所不及，也会失去应有的引导和激励作用。《三字经》第一句话就是："人之初，性本善。"可见，为人善良是人们普遍推崇的美德。不过，善良同样需要适度：毫无爱心，必定为世人所不耻；爱心泛滥，也未必有好的效果。《伊索寓言》中农夫与蛇的故事，说明善良要分清对象，对恶毒之人是不能行善的。同时，行善方式也有个适度问题。前些年，我国一些地区开展扶贫工作时，只是单纯送钱送物，结果助长了扶贫对象的"等靠要"思想，使其长时间脱不了贫；后来改为扶贫与扶志、扶智相结合，输血与造血相结合，取得了较好效果。

中央电视台曾有个节目叫《实话实说》，很受观众欢迎，反映了为人要诚实的观念。然而，实话实说也要把握好度：谎话连篇，就会失去人们的信任；但不分场合实言相告，也会招人讨厌。鲁迅先生在《立论》一文中写道："有婴儿出生，如果贺客说，这孩子将来长命百岁，主人一定会欢天喜地；如果贺客说，这孩子将来会死，则肯定会被暴打出门，尽管他说的是千真万确的真理。"

（三）适度是为官之道

著名文学家萧军说，好人不见得是好官，但好官必须首先是好人；没有一流的人品做底子，从政肯定要跌跤子。这是十分深刻的，也说明为官较之为人有着更高的要求。实际上，无论是尧舜禹等中华民族先贤主张的"允执厥中"，孔子倡导的中庸之道，还是马克思主义强调的适度原则，首先都是对领导者说的。因此，为官者更要自觉践行适度原则，正确处理和把握公与私、民主与集中等各种复杂关系之度，修炼良好的官德。

官员与百姓最大的不同点，是拥有权力；最大的共同点，是作为人都要食人间烟火，都有七情六欲。所以，正确把握好公私关系之度，是古往今来官员面临的最大课题。按照规定，领取合理的报酬，满足合理的需求，属于适度之举；而以权谋私、化公为私，满足自己的贪欲，则属于过度之为，难逃跌跤的命运。张说是唐代政治家、文学家，一生曾先后三次为相，为开元前期一代文宗。但他贪得无厌，利用职权徇私舞弊，收受贿赂。有一年唐玄宗封禅泰山时，张说利用担任封禅使的机会，将本是九品小官的女婿提升至五品，世人讥讽其女婿这是泰山的功劳，以至后来人们便把岳父称为"泰山"了。张说后被多人弹劾，因罪状属实，唐玄宗免了他的职，并勒令退休。受到处分的张说痛定思痛，仿照《神农本草经》的风格，写下了流传至今的奇文《钱本草》。文中这样介绍钱的属性："钱，味甘，大热，有毒。"怎样适度取用钱财呢？文中提出要做到七条："一积一散谓之道，不以为珍谓之德，取与合宜谓之义，无求非分谓之礼，博施济众谓之仁，出不失期谓之信，入不妨己谓之智。"总的意思是说，君子爱财，取之有道，用之有度。

官员最重要的职责之一是决策，决策失误是官员最忌惮的失误。实践表明，避免决策失误最有效的方法，就是将民主与集中统一起来。但正确处理民主与集中的关系，并不是一件容易的事情，里面有个度的把握问题：过分强调集中，容易导致专断，难以避免决策失误；过分强调民主，容易议而不决，贻误时机。这里需要引起注意的是，在集体民主决策时，由于出现责任分摊，群体决策比个人决策更趋向于冒险，容易导致决策失误。

通过分析大量适度与失度的案例，可以得出这样一个结论：凡是做得对的、成功的，都是适度的；凡是做得错的、失败的，都是正如一句哲言所说，所谓「过错」，过了就错了。因此，适度是为人处事、治国理政的原则，也是评判是非对错的标准。

失度的。

三、适度的难点

蒋介石原名蒋瑞元。少年时入家乡陈家私塾就读，受教书先生讲授《易经》豫卦六二爻的影响，将名改为"中正"，字"介石"。该爻词为"介于石，不终日，贞吉"。《象传》解释说："不终日，贞吉，以中正也。"意思是，君子坚如磐石，能洞察几微，而先知事物之动向，不待终日，又刚又有度，故《象传》解释为中正之象征。然而，纵观蒋介石一生，虽然其始终追求中正，试图做到又刚又有度，但失度之事比比皆是。其实，古今中外，有这种困扰的何止一个蒋中正呢？可见适度之难。细究起来，适度之所以难，是由其所具有的以下几个特点决定的：

（一）度是变动不居的

打过靶的人都知道，打固定靶容易，打移动靶难。事物总是发展的，这决定了事物的度不可能固定不移，而是变动不居的，要在动态中实现适度，当然不易。

以吃饭适量为例，一个人在少年、青年、老

年不同时期的饭量一定不同，在早中晚不同时间饭量也有所差别，在喜怒哀乐不同心情的时候也会有差异。至于不同的人，如男女不同、高矮不同、胖瘦不同，饭量更会千差万别。即使人们都知道"吃饭七分饱"的适度准则，但对于不同的人，同一个人在不同条件下，具体饭量无疑是不一样的，或是一两，或是二两，或是三两，或是四两，或是半斤，等等。

鉴于度的动态性，掌握为人处事、治国理政中的各种度，就更不易了。四川武侯祠有一副深得毛泽东、邓小平推崇的楹联："能攻心则反侧自消，自古知兵非好战；不审势即宽严皆误，后来治蜀要深思。"这里的下联，讲的就是宽严适度问题，目的在于告诫后来治蜀者，如果不审时度势，一味用严或用宽，都是错误的。这副楹联是清朝末年四川官员赵藩撰写的，其中下联讲的是东汉末年刘焉、刘璋父子治蜀的故事。刘焉担任益州（今四川一代）刺史后，一味用严，甚至不惜滥杀士族来确立自己的权威，结果遭到普遍反对，各地起义不断。刘焉病亡、其子刘璋接任后，又一味用宽，甚至纵容外来士族为非作歹，把益州搞得一塌糊涂。刘氏父子之所以宽严皆误，根本在于没有审时度势，掌握不同形势下度的变化，做到宽严相济，而是从一个极端走向了另一个极端，岂有不失误乃至失败之理。

（二）度是复合多重的

任何事物都是由多种不同要素构成的，每个要素都有自己的度，且各要素之间的度相互影响、相互作用，综合把握好各种度，做到恰如其分，实属不易。就拿做好一道菜来说，要素既包括食材的新鲜程度、刀功的精致程度、火候的把握程度，更包括色香味的调配程度，任何一个要素达不到合适的度，都会影响菜肴质量。

具体到为人处事、治国理政，需要把握好的度就更多、更难了。就治国理政而言，经济、政治、文化、社会、生态文明等各方面建设中有数不清的度，公与私、民主与集中、宽与严等各种关系中也有多种多样的度，哪个度把握不好都不行，即便像急与缓之间的度把握不好，也会出问题。伊尹是我国商王朝的开国功臣，也是中国厨坛始祖。相传，他最初是商汤的厨师，常为自己的政治才华没引起商汤重视而苦恼，于是想出了一个有点冒险的办法。有一段时间，他故意把菜做得非咸即淡，商汤不悦，叫来责问。伊尹等的就是这一天，他神态自若地说，做菜时，盐放多了就会觉得太咸，放少了就会觉得太淡，只有盐和其他调味品放得合适，做出的菜才可口。商汤说，你既然知道这个道理，为什么明知故犯呢？伊尹答道，做菜是这个道理，治理国家也是如此啊。既不能操之过急，也不能松弛懈怠，只有恰到好处，才能把事情办好。而您在最近处理国事时，就犯了操之过急的毛病。商汤听后，深以为然，后又经多次谈话，起用伊尹为自己的主要谋士，最终灭掉了夏朝。

（三）有些度是难以量化的

度有两种，一种是可以量化、容易把握的。自然界中的度，许多可以精确量化，比如水的温度低于0℃是固态，0℃～100℃是液态，高于100℃是气态。人作为自然界的一部分，身体中的许多健康指标（适度值）也是可以较为精确量化的，比如正常人的心跳是每分钟 60 ～ 100 次，血压是 80 ～ 120mmHg，等等。社会生活领域中的有些度，也是可以大体量化的，比如每个国家、地区居民收入差距应控制在一个适度的范围内，收入差距过小会导致平均主义，不利于调动积极性；收入差距过大会导致社会动荡。1922 年，意大利统计学家和社会学家基尼提出了衡量这种收入差距的常用指标，即基尼系数，为世界各国所接受。基尼系数最大为 1，最小为 0。国际惯例是将 0.2 以下视为收入绝对平均，0.2 ～ 0.3 视为收入比较平均，0.3 ～ 0.4 视为相对合理，0.4 ～ 0.5 视为收入差距较大，0.5 以上则表示收入悬殊。

另一种同人的主观感受和判断密切相关的度，则很难量化，把握上也更困难些。比如关于人的心理健康的适度指标就难以量化，像高兴要适度，愤怒要适度，悲哀要适度，喜乐要适度等，这当中的度目前还无法用准确的数值来衡量。至于为人处事中的度，绝大部分更难以量化，这也是人们常常感到适度很难的主要原因。比如，追求功名利禄要适度，劳逸要适度，宽严要适度，批评表扬要适度，人际关系要适度，爱护孩子要适度，等等。这类度是不是就无法测量呢？也不是。我们都知道，老师给学生判分有两种办法，一种是实行百分制或五分制，可以精确打分；另一种是分级制，如优、良、中、差等。因此，这类带有主观性的度，可采用区分程度的方式来测度。比如，关于宽严适度问题，可设置成多级，包括较宽、宽、很宽，较严、严、很严。

四、适度的途径

1965 年，毛泽东回到阔别 38 年的井冈山，写了《水调歌头·重上井冈山》一词，其中最后两句是："世上无难事，只要肯登攀。"学习掌握适度原则同样如此，虽然很难，但只要肯探索，就会发现规律，获得途径。

（一）适度的前提是了解度

2016 年春，习近平总书记要求各级党委负责同志学习毛泽东 1949 年春在党的七届二次全会上所作关于《党委会的工作方法》的报告。毛泽东在这个报告中讲了党委会 12 条工作方法，其中一条是"胸中有'数'"，并具体解释说："对情况和问题一定要注意到它们的数量方面，要有基本的数量的分析……我们有许多同志至今不懂得注意事物的数量方面，不懂得注意基本的统计、主要的百分比，不懂得注意决定事物质量的数量界限，一切都是胸中无'数'，结果就不能不犯错误。"毛泽东所谓"胸中有数"之"数"，就是决定事物的数量界限，也就是度。所以，只有先了解度、认识度，才能把握度、适应度。弄清度可以从以下几个环节入手：

一是明确事物的"质"。搞清该事物属于哪一类事物，明了该事物涉及的是做人的度、为官的度，还是处事的度，这当中的度是可以量化的，还是难以量化的。比如饮酒适度问题，就属于人的身体健康问题，它所涉及的度是可以量化的。

二是找出事物的适度区间。任何事物所适之度，大多不是一个点，而是一个区间，在这个区间内属于适度，越过这个区间就是失度。找出事物适度区间的办法，就是确定该区间两侧的最高临界适度值和最低临界适度值，高于最高临界适度值即为过度，低于最低临界适度值即为不及。比如，人的空腹血糖正常（适度）值是 3.9 ～ 6.1mmol/L，低于 3.9 为低血糖，高于 6.1 为高血糖。

三是找出事物的最佳适度值。在事物的适度区间内，会有一个最佳适度值（或最佳适度程度），这个值通常集中在一个点。人们常说的"恰如其分""恰到好处"，指的就是为人处事达到最佳适度值的完美状态。比如，正常成年人每晚睡眠适度区间是 6 ～ 10 小时，最佳适度值是 8 小时。当然，在实际生活中，真正完全达到最佳适度值是很难的，多数情况下是接近。有些难以量化的适度区间，其最佳适度值往往体现为最佳适度程度，这种接近的情况就更多了。

（二）适度的基础是实践

"实践出真知"，这话一点儿不错。实践是认识的基础，这决定了实践出办法，实践出经验，实践出规律。具体到适度也是一样。度，只有深入实践才能认识；适度，只有反复实践才能做到。人们都知道这样一个常识，"吃饭七分饱，健康活到老"：如果长期吃不饱，会造成营养不良，不利于健康长寿；如果每餐吃得过饱，会造成营养过剩，出现肥胖，增加患高血压、高血脂、高血糖等疾病的风险。这种生活中积累的健康常识，已经得到了科学证实。科学家研究发现，人们在保证营养足够的情况下，比平时减少30%左右的热量摄入，对健康长寿是有利的。这是因为细胞饥饿时，会吃掉体内无用或多余的物质，以此保持细胞的年轻活力，这种现象叫"细胞自噬"。日本科学家大隅良典因为在自噬领域的杰出贡献，荣获2016年诺贝尔生理学或医学奖。

在社会生活中，为人处事尤其是治国理政中的适度问题更加复杂，也更离不开实践。比如，任何国家和地区经济发展都要保持适当的速度，而这个适当增速的确定，不是主观臆断的，而是在实践中摸索提出的。21世纪前10年，我国提出的经济增长指标是"保八"即GDP年增长速度为8%，党的十八大后提出的是"保六"即GDP年增长速度为6%。这是根据党和国家关于国内生产总值到2020年力争比2000年翻两番的战略目标，根据改革开放以来经济平均发展速度，特别是根据我国经济由高速增长阶段转向高质量发展阶段的新情况，经过反复实践验证确定的。事实证明，增速过低则经济过冷，会导致失业人口增加、居民收入减少、财政收入降低；增速过高则经济过热，会导致物价上涨、通货膨胀，只有保持在6%左右，才能确保经济健康稳定发展。

（三）适度的艺术是从"不及"到"恰好"

度强调的是一个区间、范围，而适度追求的是这个区间、范围内的最佳适度值。一般说来，当一时把握不准事物的适度区间和最佳适度值时，宁可"不及"也不要"过度"，因为"过度"的危害和损失往往大于"不及"。比如给自行车轮胎充气，"不及"的危害是轮胎磨耗增加、行驶颠簸，"过度"的危害则是直接爆胎。又比如，我国对判处死刑极其慎重，主张可杀可不杀的，不要杀；可杀而不需要马上杀的，不立即杀，并由此创立了死缓制度，即判处死刑、缓期执行。实践证明，这是十分必要和重要的。因为在死刑适度问题上，如果"过度"，将人杀错了，就没有补救机会了，因为人死不能复生。如果"不及"，处罚轻了，将来查明真相后还有改正的机会。

这与事物内在演变规律是一致的，也是坚持适度原则的基本方法，通俗的叫法就是"适可而止"。我国实行改革开放与苏联、东欧采取激进的"休克疗法"的根本区别，就是采取"摸着石头过河"的方法，循序渐进稳步推进。实践证明这是正确的，既促进了经济社会发展，又保持了社会稳定，开创了中国特色社会主义发展道路。"摸着石头过河"，其实不仅是摸经验和规律，也是摸改革、发展、稳定之度。需要强调的是，适可而止包括两种情况，一种叫见好就收，另一种叫见坏就收。见好就收容易理解。所谓"见坏就收"，就是发现事情向坏的方面发展，要及时停止做下去，以免积重难返、不可收拾。炒股的人常说的"止赢"，就是见好就收，"止损"，就是见坏就收。

（四）适度的根本依据是利益

托尔斯泰在《一个人一生中需要多少土地》中讲了这样一个故事：一个地主一生都在挖空心思多占土地。有一次，他向一个头领做到适度，要注意由少到多、由近及远、由浅入深、由低而高，渐次找到事物度的区间和最佳点。

买地，头领说他可以花 1 000 卢布买其一天所走过的土地，但条件是当天日落时必须返回起点。于是，这位地主拼命地跑步圈地，日落跑回起点时却累死了。他的仆人挖坑就地把他埋了。结果发现，他最后需要的土地，从头到脚不过就那么一小块。这个故事意在告诉人们，追求财富要适度，千万不要贪婪过度。这里判断适度、失度的依据是什么呢？是利益。在生命与土地的利益关系中，为土地而失掉生命，当然是弊大于利的失度行为，具体说就是贪婪过度。这个故事的重要意义在于，它揭示了判断人们为人处事行为是否适度的问题，实际上体现为利益权衡问题：凡属失度的（不及或过度），就体现为弊大于利；凡属适度区间的，就体现为利大于弊；凡属达到最佳适度值的，就体现为实现利益最大化。

2020 年初，我国遭遇新中国成立以来传播最快、范围最广、防控最难的新冠肺炎疫情后，武汉采取了史无前例的封城举措，其他地方也采取了少有的严格防控办法。这样做，是由本次疫情的特点和人民生命与健康福祉决定的。我们都知道，很多工作做到 90％ 就属于优秀，但防控疫情工作则不然，即使做到 99％ 或许也是不及格，因为有一个感染者未被筛查出来并采取措施，他就是传染源，就有可能使多人感染。因此，防控疫情工作必须树立百分之百的理念，做到全员都参与到防控工作中来。当然，这会对人们的生产生活产生重大影响，但相较于人民群众的生命与健康，这毕竟是第二位的。所以说，采取如此严格的防控措施是适度的，为中国新冠肺炎疫情的最终控制打下了坚实的基础。

图书在版编目（CIP）数据

老生常谈 / 陈喜庆著. —北京：中国人民大学出版社，2021.1
ISBN 978-7-300-28768-3

Ⅰ.①老… Ⅱ.①陈… Ⅲ.①社会科学—文集 Ⅳ.①C53

中国版本图书馆 CIP 数据核字（2020）第 223584 号

老生常谈

陈喜庆 著

Laosheng Changtan

出版发行	中国人民大学出版社	
社　　址	北京中关村大街 31 号	**邮政编码 100080**
电　　话	010-62511242（总编室）	010-62511770（质管部）
	010-82501766（邮购部）	010-62514148（门市部）
	010-62515195（发行公司）	010-62515275（盗版举报）
网　　址	http：// www.crup.com.cn	
经　　销	新华书店	
印　　刷	天津中印联印务有限公司	
规　　格	160 mm×235 mm　16 开本	**版　　次** 2021 年 1 月第 1 版
印　　张	17.75	**印　　次** 2021 年 1 月第 1 次印刷
字　　数	168 000	**定　　价** 68.00 元